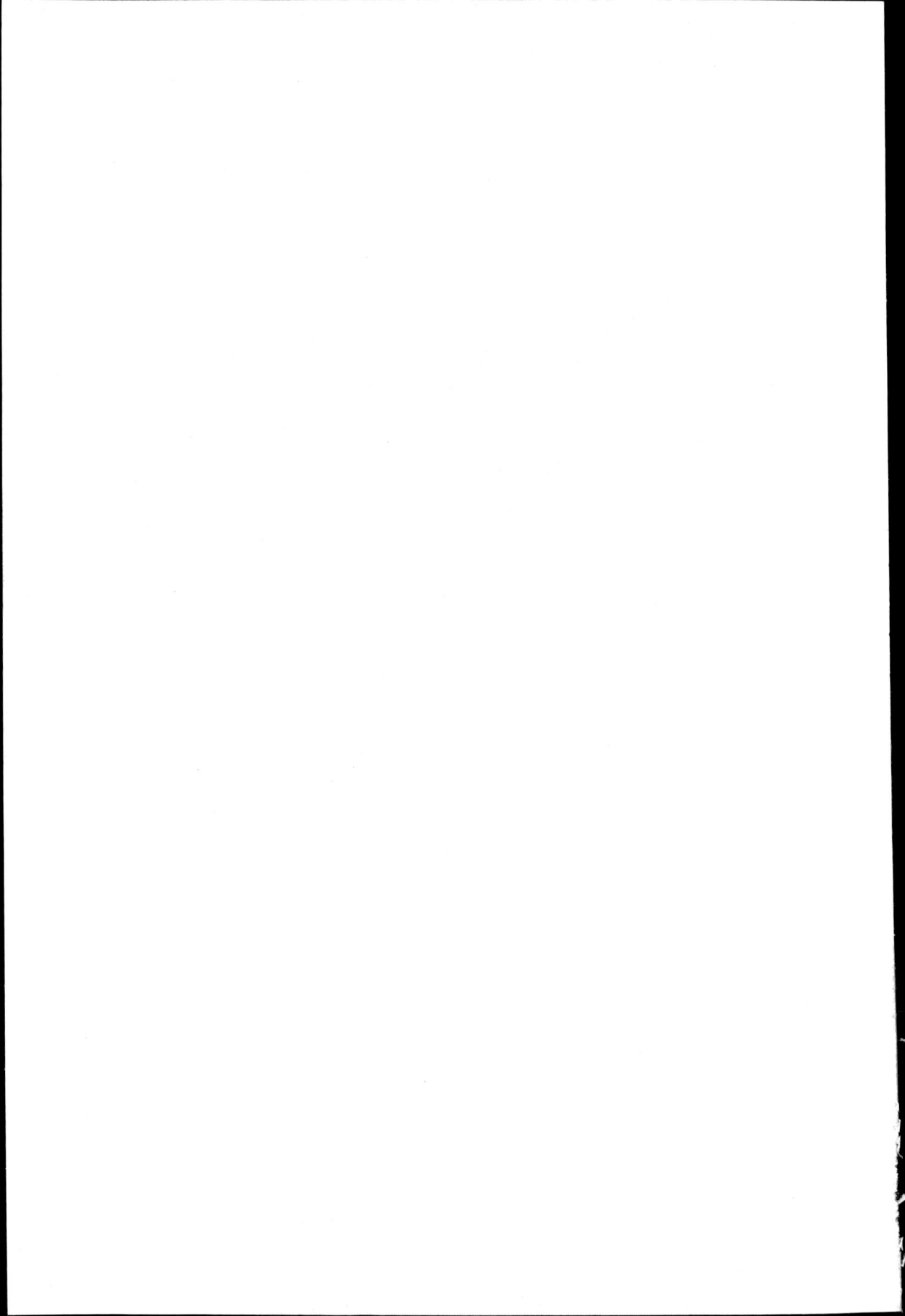

# 基于语言与文化对比的英汉翻译研究

朱 静/著

吉林大学出版社

·长 春·

**图书在版编目(CIP)数据**

基于语言与文化对比的英汉翻译研究 / 朱静著.—

长春:吉林大学出版社,2020.1

ISBN 978-7-5692-6065-6

Ⅰ.①基… Ⅱ.①朱… Ⅲ.①英语-翻译-研究
Ⅳ.①H315.9

中国版本图书馆 CIP 数据核字(2020)第 021004 号

| | | |
|---|---|---|
| 书　　名 | 基于语言与文化对比的英汉翻译研究 | |
| | JIYU YUYAN YU WENHUA DUIBI DE YING-HAN FANYI YANJIU | |
| 作　者 | 朱　静　著 | |
| 策划编辑 | 孟亚黎 | |
| 责任编辑 | 樊俊恒 | |
| 责任校对 | 柳　燕 | |
| 装帧设计 | 马静静 | |
| 出版发行 | 吉林大学出版社 | |
| 社　　址 | 长春市人民大街 4059 号 | |
| 邮政编码 | 130021 | |
| 发行电话 | 0431-89580028/29/21 | |
| 网　　址 | http://www.jlup.com.cn | |
| 电子邮箱 | jdcbs@jlu.edu.cn | |
| 印　　刷 | 三河市铭浩彩色印装有限公司 | |
| 开　　本 | 787mm×1092mm　1/16 | |
| 印　　张 | 16.5 | |
| 字　　数 | 214 千字 | |
| 版　　次 | 2021 年 3 月　第 1 版 | |
| 印　　次 | 2021 年 3 月　第 1 次 | |
| 书　　号 | ISBN 978-7-5692-6065-6 | |
| 定　　价 | 80.00 元 | |

# 前　言

　　语言是文化的重要组成部分和载体,翻译是语言之间信息转换的重要桥梁,它不仅是一种符号传递的行为,更是一种文化、意识形态传递的行为。不同的语言文化差异,会给译者忠实地传达原文带来很大的难题和障碍,这就需要译者既要深入了解源语文化,又要深入了解目的语文化。正如尤金·A.奈达(Eugene A. Nida)所说:"要真正出色地做好翻译工作,精通两种文化要比精通两种语言还重要。"然而,究竟应该如何了解文化与翻译或者怎样研究文化与翻译仍是翻译学的一个重要课题。在此背景下,作者精心准备并撰写了《基于语言与文化对比的英汉翻译研究》一书,用"浅出"的语言"深入"介绍了英汉语言、文化差异及翻译,为英汉语言文化的进一步交融与发展略尽绵力。

　　本书共有九章。第一章作为全书开篇,首先介绍了语言、文化的基础知识以及二者之间的密切关系。第二章从翻译、翻译的文化转向、文化翻译观三个层面对文化翻译展开论述,为下述章节的展开做好了理论上的铺垫。众所周知,中西方语言、文化之间具有鲜明的差异,这些差异为翻译实践的顺利展开带来了或大或小的障碍,因此第三章和第四章主要研究了英汉语言、文化的对比,具体涉及语音、词汇、修辞、句法、语篇、思维模式、价值观、社交观这几个方面。在以上理论分析的基础上,第五章至第九章作为本书的实践部分,重点研究了英汉自然文化、特殊词汇文化、物质文化、习俗文化的对比与翻译。

　　本书观点新颖、语言朴实严谨、条理清晰,引入大量翻译实例,具备较强的参考与实用价值。在继承传统研究理论的基础上,本书充分吸收了最新的研究成果与理论,论述全面客观,重点突出,旨在为跨文化交际与翻译的从业者及研究者提供视角独特、观点新颖的实务和学术资源。从结构上而言,本书的鲜明特色体现在如下两个方面。

第一,重在对比。本书对中西方文化进行对比,突出二者之间的差异。了解自己最有效的途径之一就是认真地看待、学习其他民族的文化,这就要求人们去关注那些将其他民族文化与自身文化区分开来的生活细节。因此,本书不仅对中西方传统文化进行了阐述,而且罗列了典型的或标志性的事实、事件或现象,找出并剖析其中的异同。

第二,体系完整。本书在内容上形成了较为完整的理论体系,不仅从理论角度阐述了文化、翻译的基础知识及相互关系,而且列举了大量的翻译实例,做到了理论与实践的紧密结合。

在撰写本书的过程中,作者不仅参阅、引用了很多国内外相关文献资料,而且得到了同事亲朋的鼎力相助,在此一并表示衷心的感谢。由于作者水平有限,书中疏漏之处在所难免,恳请同行专家以及广大读者批评指正。

作　者

2019 年 4 月

# 目　录

# 第一章　语言与文化

随着世界多极化和经济全球化的发展,各个国家之间的交流和对话日趋频繁。在多元文化的碰撞下,翻译研究的重心也发生了显著变化,由原来的语言层面转向了文化层面,而且范围更广,程度更深。越来越多的翻译研究者开始意识到,翻译不仅仅是一种语言活动,更是一种文化交际活动,不仅涉及不同语言之间的转换,而且涉及不同文化之间的转换。不同民族之间的文化迥异,给不同民族之间人们的交流带来了不小的障碍。对不同民族之间的语言和文化进行对比分析,对翻译的有效进行十分有利。为此,本章作为开篇,首先对语言、文化以及二者之间所具有的密切关系展开分析与研究,从而为下述章节的展开做好铺垫。

## 第一节　语言概述

### 一、语言的定义

#### (一)语言是符号系统

1. 什么是符号

在人们生活的世界上,处处都存在符号的踪迹。例如,马路上的交通信号灯,红灯符号表示禁止通行,绿灯符号表示可以通行;医院里张贴的禁止吸烟的标志,告诉人们这里不能吸烟;中国人过春节时大门上贴倒写的"福"字,表示对来年幸福生活的期盼;天气阴沉,乌云密布预示着将要下雨;某处浓烟滚滚,提醒人们此处可能发生了火灾。再比如,路上爬行的蚂蚁遇到同伴要互相碰碰触角,传达哪里有食物的信息;猎人根据地上留下的动物的脚印,判断前方有什么样的猎物等。可以说,符号以及符号活动无时不有,无所不在。

总体来说,符号一般被划分为两大类,即人类的符号活动和自然界的符号活动(包括动物的符号活动)。其中,人类符号活动又可以分为两类,即语言符号和非语言符号,后者又可进一步划分为建筑符号、音乐符号、影视符号、绘画符号、行为符号等。可见,符号学将人类学术领域的几乎所有学科门类均囊括其中,尤其是人文学科,它为跨学科交流和研究提供了一条道路。

索绪尔在他的《普通语言学》文稿中明确指出过符号学的重要性,并反复强调语言本质上是符号,语言学从属于符号学,"语言学,我们现在就称其为符号学,也就是说关于符号的科学,即研究人尝试用必不可少的约定系统来表达思想时所出现的现象。……无人开课讲授符号传播现象,而这一现象反过来却完全占据了语言学家的脑海,以致他们认为语言学属于历史学科……其实语言学什么也不是,它就是符号学"。在关于符号学与语言学的关系问题上,学者们所持的观点大致分为:索绪尔、西比奥克等人认为,符号学包含语言学;法国符号学家罗兰、巴尔特认为,符号学从属于语言学;法国符号学家吉劳认为,符号学和语言学互不相干。就目前的研究来看,持第一种观点和第三种观点的学者数量更多更具有说服力,他们各持己见,争论不休。

其实,符号学作为一门跨学科的研究工具,它在一定程度上囊括了语言学,赋予语言学一种新的研究方法,而语言学同时也有自身的一些特点,也许正是符号学理论尚未涉及的领域。无论如何,我们不得不承认的是,语言是人类多种符号系统中的一个典型代表,也是使用最多的一种人类符号体系,如果我们将对语言的研究置于符号学的广阔背景中,必将更方便进行语言的跨学科研究,为语言学的发展开辟新的道路。

2. 符号的类别

在人类社会中,符号多种多样,无所不在,为了更好地理解和利用不同种类的符号,了解它们所传达的信息,为符号划分类别就成为符号学研究中的重要组成部分。在符号学史上,符号学家们都以自己的不同视角对符号进行过分类,但影响最为深远的是美国符号学家皮尔士的划分。皮尔士除了定义了符号、对象和解释项三元关系之外,还在此基础上先后提出了符号分类的三分法。

(1)图像符号(icon)。图像符号的表征方式是符号的形体与它所表示的对象之间形状相似。例如,一幅肖像画、一幅写生画以及照片、录像就是一个典型的图像符号,它完全是对其对象的模仿或记录。还有一些图像符号,如地图、气象图、电路图、零件组装图、工艺流程图、几何图形、公式等,它们与对象之间只是抽象地相似。

(2)指索符号(index)。指索符号的表征方式是符号形体与符号对象之间有逻辑联系,如因果联系、方式关系等,使符号形体能够指示符号对象的存在,如各种交通指示牌、商标、招牌等。

(3)象征符号(symbol)。象征符号的符号形体与符号对象之间没有形状上的相似或者因果逻辑关系,它的表征方式是建立在社会约定俗成的基础上,例如,国旗是国家的象征,圣诞树是节日的象征,每一种花各有其象征意义,在中国红色是喜庆的象征,穿婚纱象征做新娘等。在这些约定俗成的象征中,语言符号是最典型的一种。

语言符号和它所表征的对象之间没有必然的联系,不同的国家和民族可以有各自不同的约定,因此形成了各种各样的语言符号系统。可见,在人类的符号活动中,象征符号使用最多,以至于有些人从狭义理解,用象征符号(symbol)代替符号(sign)。

### 3. 符号系统

所谓系统,就是指性质相同或相似的事物按照一定顺序和内部联系组成的整体。例如,城市道路交通系统、电路系统。符号系统就是性质相同或者相似的符号,按照一定规律组合而成的整体。一个符号总是要在特定的系统中才有意义,如果把它放在另一个符号系统中,它可能就没有意义,或者具有其他的意义。例如,在马路上看见交通灯红灯表示要停下来,这是交通信号灯符号系统赋予"红灯"的意义,但是如果离开这个系统,红灯就可能是别的意义了。

我们说符号具有任意性,同样符号系统也带有很强的主观性,因为符号系统是借助编码组织起来的,人们根据一定的规则把符号的能指和所指结合起来,体现符号的符指过程,符号使用者在此过程中承认符号能指与所指的关系并在使用中遵守这种关系,这就构成了一个符号系统。不同的符号系统有不同的规则,也就是不同的编码方式,这就解释了为什么同一个符号在不同的符号系统中有不同的意义。

再进一步划分符号系统,可以把符号的能指系统和所指系统区分开来。符号的能指系统指的就是符号的形式系统,它关注的是符号的形式,如符号形状、符号的读音等。再用交通信号灯系统做例子,它的能指系统就是它的构成形式,通常由三个圆形的灯组成,分别是红灯、黄灯和绿灯,同时它们的排列顺序也是固定的。现在改进了的红绿灯用箭头表示前进的方向,箭头向上、向左和向右以及红绿黄三种颜色的箭头等,这些都是交通信号灯系统的能指系统所包含的内容。

符号的所指系统就是它的意义系统,它是能指系统的对象。"意义"两个字看似简单,却是最复杂的概念,从古至今,关于"意义的意义"的问题是各派争论的焦点,众学说派别林立,无法统一。尤其是语言符号系统,对其所指系统,即其意义系统的研究难度更大。

符号系统范围广泛,一般来说,它可以划分为以下几大类别。

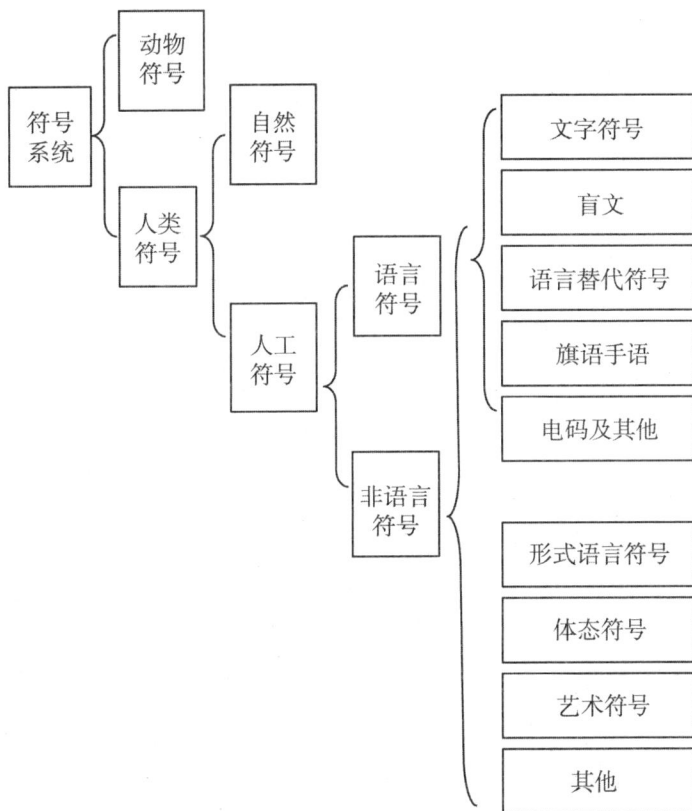

**图 1-1　符号系统的划分**

(资料来源:陈浩东等,2013)

不同符号系统之间的转换必须通过翻译来实现。符号学中的翻译,并不限于不同语言符号之间的翻译,而是指两个或几个任意符号系统之间的转换。例如,把蚂蚁的动作意义系统翻译为人类可以看懂的语言符号系统,把语言符号转换为盲文符号系统。可见,符号之间的翻译必须对等,翻译者必须熟悉原符号系统和目标符号系统,并且懂得翻译技巧。

**4. 语言的符号性**

语言是人类特有的符号体系,是人们最为常用的一种符号。

狭义的语言只是指人们的口头言语和书写的文字,而广义的语言还包含着所谓的表情语言、形体语言、装饰语言等,它们都是传递人的思想信息的符号形式,然而语言通常还是指言语和文字。

言语的物质形式是声音,文字的物质形式是图形,它们分别让人产生听觉的和视觉的反应。语言作为物质形式和内容意义的统一体,在自己身上便体现为"音义"统一体或"形义"统一体。语言还是一种线性的结构系统,语言单元是沿着一维的方向前后相继地排列下去的,语言单元之间是根据语法规则组合起来,形成语言系统的。

由此看来,对于有声语言来说,它的三大构成语素便是:语音、语义和语法。语言在所有的符号形式中是最基本和最重要的符号形式,是人类传递、存贮和加工信息的基本工具。

语言是以人群共同体为单位而各自约定俗成的系统,不同的人群必然产生互不相同的语言,不同的人群因其所具有的不同的生理和文化特征而形成不同的民族时,语言的差异也成为民族之间互相区别的重要特点之一,所以相对于后来人类以世界范围而约定的"共通语言"而言,前者被称为"民族语言";也因其已经经历了漫长的发展历史,被今人视为远古时自然起源的,因此被称为"自然语言",与后来的"人工语言"区别开来。

部分观点认为,语言是思维的外壳。我们对自身以及外在世界的思考与认知都是借助语言来完成的。语言不仅帮助人们传递信息交流思想,它也是思维工具,参与并体现人们的思维,但这很难说是思维的本质。

(二)语言是交际工具

语言的功能有很多,交际功能是所有功能中最基本的功能,具体可以从如下两个层面来理解。

1. 语言是最重要的交际工具

人类社会中的每个人都生活在一定的客观社会条件之中,人与人的交际是社会生活中的重要组成部分。人们往往用语言来交际,除了语言,还有很多种交际工具,如文字、灯光语、旗语、身势语等。但是,文字主要对语言加以记录,是基于语言的一种辅助交际工具,因此其与语言在历时和共时上都不能相比。灯光语、旗语是基于语言与文字而产生的辅助交际工具,因此也不能和语言相比。身势语是流传很广的交际语言,但是受各种条件的限制,有时容易产生误会,因此也不能和语言相比。

通过上述分析可知,语言是所有交际工具之中最重要的交际工具。

### 2.语言是人类独有的交际工具

对于语言是交际工具,笔者在前面已经有所论述,但是这里所强调的是"人类独有",其可以从两个层面来理解。

(1)动物所谓的"语言"与人类的语言有根本区别

"人有人言,兽有兽语。"动物与动物也存在交际,它们采用的交际方式也有很多,可以是有声的,也可以是无声的。但是,动物与动物之间这些所谓的"语言"是与人类的语言无法比拟的。

首先,人类语言具有社会性、心理性与物理性。社会性是人类语言的根本属性,因为人类的语言是来源于人类集体劳动的交际需要。运用语言,人们才能够适应自然、改造自然。相比之下,动物的"语言"只是为了适应自然。

其次,人类的语言具有单位明晰性。人类语言是一种音义结合的词汇系统与语法系统,音形义各个要素都可以再分解成明确的单位。相比之下,动物的"语言"是无法分析出来的。

再次,人类语言具有任意性。语言是一种规则系统,人们使用语言对自己的言语加以规范。但是,语言系统本身的语素、词、用什么音对意义加以表达等从本质上说是任意的。相比之下,动物的"语言"在表达情绪和欲望时并无多大区别。

最后,人类语言具有能产性。人类的语言虽然是一套相对固定的系统,各个结构成分是有限的,但是人们能够运用这一有限的成分产生无限的句子,传递出无限的信息。相比之下,动物的"语言"是无法达到这一效果的。

(2)动物学不会人类的语言

动物能否学会人类的语言?对于这一问题,答案显然是不能。如果能学会,那就不能说语言是"人类独有"的交际工具了。很多人说,鹦鹉等能够模仿人的声音,但是这也不能说它们掌握了人类的语言,因为它们只是模仿,只能学会只言片语。也就是说,这些动物不能像人类一样运用语言产生无限多的句子,也不能写出无限多的文章。因此,语言是动物不可逾越的鸿沟,能否掌握语言,也是人与动物的根本区别之一。

### (三)语言是思维工具

#### 1. 什么是思维

恩格斯曾经说过,思维是人脑的机能。有科学家争论动物也有思维,他们通过实验发现,狗会算术,黑猩猩可以借助工具获取食物,猫能够学会便后冲马桶,猴子可以借助石块砸开核桃,鸟类有自己的语言,海洋鱼类也能发出不同的声音信号,甚至还有人类无法用耳朵听见的超声波信号,狼群狮群配合捕猎等,这些都是动物思维的表现。

通过思维而获得创造工具的能力是人类与动物共同的标志,只是人类较为高级一些。我们既然承认人类起源于动物界,那么就应当承认动物思维的存在,不过这只是广义的思维范畴,从严格意义上来说,动物只具有低级的思维方式,而经过不断进化的人类的大脑才是高级思维的物质条件,是高级思维方式的基础。

同样,人类的语言也是从动物的这种广义范畴的低级语言逐渐进化到狭义范畴的高级语言的。或者说,人和动物思维的本质不同在于各自运用不同的语言思维方式。从生理学来看,思维也是人类与动物之间共通的,它是一种高级的生理活动,是大脑中的一种生化反应过程。人类除了睡觉之外,几乎每时每刻都在思考,思考人与自然界的关系,思考个人与他人的关系。通过思考从现象深入事物的本质,发现事物的内在规律,使自身能够在客观世界中生活得更好。可见,人的思维是对客观世界的一种反映,是人类在认识客观事物时动脑筋进行比较、分析、综合等的过程。

当今网络世界成为越来越多人的第二种生活,人们可以在网络上做现实生活中的所有事情,衣食住行,求学求职,甚至"结婚生子",有人认为这种虚拟现实不再是客观世界,而人们在网络上的思考和行为也就不再是对客观世界的反映,因此得出结论:思维可以脱离现实。其实,我们应当清醒地看到,网络世界也是客观世界的反映,虚拟现实中的种种都留有现实世界的影子。衣食住行等行为都是客观世界里的客观发生,虚拟现实也是对客观世界的反映,因此对于网络虚拟思维,我们同样应当将其看作对客观世界的反映。

人类无时无刻不在用自己的大脑进行着思维,进行着创造,而人们却很少对自身的"思维"进行思考。在学校里,思维科学也很难成为一个独立的学科。虽然有脑科学、语言科学、逻辑学等相关学科,研究思维的物质基础、外在表现、各种形式等,对于人类"思维"的整体研究却无法独立成科,这确实是一个遗憾,其关键原因就在于很难为思维定义。那么究竟应该怎样给思维一个准确的定义呢?人们会从哲学角度、心理学角度、语言学角度给出不同的定义。例如,按照"思维科学首批名词术语征求意见稿"中的定义:"人类个体反映、认识、改造世界的一种心理活动",立刻会有人提出质疑,认为这样定义把思维纳入了心理学的范畴。

思维科学的创始人钱学森教授高度重视思维科学的重要性,提倡把思维科学提升为与自然科学等并驾齐驱的一类科学。他提出了现代科学的一个纵向分类法,把现代科学分为六大部类:自然科学、社会科学、数学科学、系统科学、人体科学和思维科学。

这样,我们就能够更加清晰地认识思维科学的位置,脑科学、语言科学、逻辑学、心理学等学科都可以统一在思维科学体系之下。一些科学家提出了一整套思维科学的体系架构及其友邻科学,我们可以做一参考。总之,要为思维定义,一定离不开三个要素,即人脑、客观事物和内在联系。

首先,思维是人脑特有的机能,是人的大脑中进行的一种"活动"和"过程",是一种生化反应。

其次,思维是人脑对客观事物的反映。

最后,人类通过思维能够认识客观事物的内在联系,对客观事物形成间接的和概括性的反映。

### 2. 语言与思维的关系

人们的思维认知过程总是借助于视、听、嗅、触、说、思等手段来进行的,而人的眼视、耳听、鼻嗅、手触、口说、脑思等,又都毫无例外地通过语言来反映。思想不能脱离语言而存在,语言是思想的直接现实。语言与思维紧密相连,它们的关系辩证统一。语言有两个主要功能:思维功能和交际功能。它既是思维的产物,也给思维提供物质材料;而思维是语言的核心,它必须借助语言来进行工作。

思维的过程即人脑对外界信息的接收、加工和处理的过程。外界的语音、文字等信号通过听觉、视觉、触觉等方式被大脑接收后,便迅速进入了大脑的信息加工处理程序。语言信息的加工处理过程是在大脑中进行的,这一点不必用语言学来推导,其他相关科学的实验、测试手段(如脑电图、磁共振)能更加直接地加以证实。最明显的是人们在说话时可以用脑电图测得脑电波,这样的脑电波测试可以重复成千上万次,结果都显示脑电波的存在。这就足以证明语言信息确实存在于物质大脑之中,语言信息的加工处理也在大脑中进行。

语言是逻辑思维的工具,当人们的大脑进行思考时,语言中枢就会对思考着的画面进行"解说"和编码,大脑会自动选择自己最熟悉的语言——母语来进行编码。对于同时说两种或多种语言的人来说,语言中枢也会根据不同的情景,自然地做出选择。比如,人们常常会发现,双语儿童在和说中国话的妈妈说话时说中文,而和说英语的爸爸说话时自然地转换成英语进行交流,这就说明大脑会根据情境自动选择合适的语言来表达思维内容。

对于学习外语的人来说,无不把能够用外语进行思维作为学好这门外语的最高境界,如果能够熟练地像使用母语一样操控一门语言,我们的大脑就会在合适的情境中"毫无偏见"地采用这门语言作为思考的工具。随着社会的发展和科学的进步,人们对语言、思维和现实的思考从更多角度展开。

## 二、语言的功能

对于语言的功能,这里从心理学与社会学的角度展开分析和探讨。语言的心理学功能即人们用于与客观世界进行沟通的工具或手段,是人们对外部世界进行认知的心理过程,是主观的功能。其可以细分为命名功能、陈述功能、表达功能、认知功能和建模功能等五种。语言的社会学功能即语言被用于与他人沟通的工具或手段,是人与人之间进行沟通的心理过程,是外显功能。其可以细分为命名功能、陈述功能、表达功能、认知功能、建模功能、人际功能、信息功能、祈使功能、述行功能和煽情功能十种。下面就对这细分的十大功能进行研究。

### (一)命名功能

所谓命名功能,指语言被用作对某些事物、事件进行标识的工具或手段。这是人类运用语言的一大强烈心理需求,且蕴含的意义非常巨大。大部分儿童对掌握生词都有一种迫切的心理需求,这表明了掌握鉴别事物的符号的重要性。因为只有掌握了这些符号,才能说个体真正地掌握了这种事物。

人类在没有语言之前,世界万物在人们的心目中所留下的印象是不同的,因此产生了人们对这些事物认知的差异,并且通过这些印象,他们可以识别这些事物。但是如果没有语言,人类是无法对这些事物进行表达的,这些事物在人类的大脑中的存在也仅是一种意会。这样的话很容易出现混乱。

例如,当人们一见到兔子时,只知道它跑得很快,但是并不知道它叫什么,人们只能记住它的形象;当人们第一次见到荷花时,并不知道它叫什么,但是能感觉到它与其他事物之间的差异,只能在头脑中形成它的形象。但是,随着人们见到的事物越来越多,那些叫不出名字的事物就会在头脑中显得非常混乱。在这样的情况下,人们就有了对事物进行命名的需要,因此一些名字也就相继出现了。

随着语言的诞生,人们才能为各种事物命名和赋予意义,也使得人们的记忆力明显提升。

（二）陈述功能

所谓陈述功能,即语言被用作对事物与事件之间的关系进行说明的工具或手段。随着人类社会的进步,仅仅对事物进行命名显然不能满足人们交际的需要。这是因为,在日常生活中,人、事物、事件之间有着必然的关联,可能是外显的,也可能是内隐的,对于这些关联,最初人们采用了一些主谓句式或者"话题—评述"的功能语法结构等,从而形成一个个命题。但是通常来说,一个命题显然也是不够的,于是人们又创造了更多的命题,这时篇章就形成了。久而久之,人们就学会了对复杂命题的表达与陈述。

例如,当人们看见一群羊在吃草,一般就会说:"羊群在草地上吃草。"草地上的牧羊人跟我们打招呼:"嗨！你们好呀！"然后我们想把此事告诉家人,就会对家人说:"今天我们去了草原,在那里我们受到牧羊人的热情欢迎。"这个例子中既有单个的命题,也有多个命题构成的篇章。

（三）表达功能

所谓表达功能,即语言作为对主观感受进行表达的工具和手段,其可能是简单的词语,也可能是句子或者篇章。也就是说,人们可以使用语言表达喜怒哀乐。

例如,当人们表达胜利的喜悦时,往往会说"Hurrah,we've won!";当人们遇到恐怖情况时,往往会说"Oh,how horrible!";当人们对某件事表达赞同时,往往会说"Ok,you can go."

除此之外,语言的表达功能还可以帮助人们仔细推敲韵律、词句结构等,从而将内心情感传达出来,如散文就是很好的例子。

### (四)认知功能

所谓认知功能,即语言被用于思考的工具或手段,这是一个非常重要的功能。人们的思维活动往往将语言作为载体,这在之前的定义中已经有所提及。也就是说,一切抽象、复杂的思维都离不开语言,语言可以帮助人们分析与思考,从而使人们的智力越来越发达,创造出更多的精神与物质文明。

例如,当牛顿看见苹果从树上掉落下来时,勤于思考的他苦苦思索:"Why does the apple fall down to the ground instead of flying up toward the sky? What force is it that get sit down?"当我们走在街头忽然发现前方道路上围了一堆人时,我们往往禁不住会想:"What has happened? Oh,there must be an accident. Is there anybody injured?"可见,人们进行思维时,就是在对客观世界进行认知,而语言在人们的思维活动中发挥着认知的功能。

### (五)建模功能

所谓建模功能,即语言被用于对客观现实的认知图式进行构建的工具或手段。随着人类认知能力的提升,词语能够为人们提供一个观察世界的图式结构,而全部的词语符号系统就形成了对大千世界能够透视的模型。在这一模型中,词语可以划分为多个层次,居于下层的称为"下义词",居于上层的称为"上义词"。层次越往下,词语就越泛化。当然,上义词与下义词都是相对而言的。随着新事物不断涌现,曾经的上义词也可能变成下义词。

例如,在远古时期,"树"是不可以划分的,是一个孤零零的下义词,但是随着人们对树的研究的深入,发现其可以划分为多个种类,如柏树、杨树、松树等。这时,"树"就成了上义词。

总之,上义词与下义词构成了一个词语系统,是对大千世界事物类型的反映。语言的建模功能不仅提升了人们对客观世界的认知能力,还促进了人们语言能力的进步。

### (六)人际功能

所谓人际功能,即语言被用作对人际关系进行维持和改善的工具和手段。人们为了维持关系,往往会在不同的场合运用各种不同的语言,如正式的场合使用正式用语,非正式的场合使用非正式用语等。这样的使用不仅可以获得他人的好感,还可以体现自身的地位和魅力。一般来说,地位高的人在和地位低的人说话时,往往会使用屈尊俯就的口气;而地位低的人想讨好地位高的人一般会使用曲意逢迎的口气。

当然,有时候人们交谈仅仅是为了保持交往的关系。例如,在酒会上,人们交谈会话的语义内涵往往为零,但是为了保证一种惬意的氛围,往往会闲聊一些小事。在这种场合,人们交谈的话多是场面话。

### (七)信息功能

所谓信息功能,即语言被用作信息传递的工具或手段。一般来说,人们的交谈就是在传递信息,从而将语言的信息功能发挥出来。但需要强调的是,交谈者所传递的信息必须与信息接收者已知的信息匹配,否则信息接收者将无法接收所传递的信息。

例如,在课堂教学中,教师必须基于学生拥有的知识结构展开知识技能的传授,这样才能做到因材施教。当然,除了教学内容,教师的教学语言也需要根据教学对象而定。

### (八)祈使功能

所谓祈使功能,即语言被用作发布指令的工具或手段。在语言交际中,人们往往会告诫、提醒等,这时祈使功能常常被使用其中。例如,儿子早晨上学时,妈妈往往会提醒儿子"Be quick or you'll be late!"这就是提醒,并使用了祈使句,目的是加强语气,从而对受话人的行为举止产生影响。

### (九)述行功能

所谓述行功能,即语言被用作对事件或行为进行宣布的工具或手段。发话人如果是权威人士,往往会使用十分正式的语言或句式。例如,婚礼上神父或牧师向新婚夫妇以及众人宣告:"I pronounce you man and wife."

### (十)煽情功能

所谓煽情功能,即语言被用作煽情的工具或手段。在很多时候,人们运用语言只是为了打开心扉,影响他人的情绪。一般来说,在这类交谈场合,越运用有丰富内涵意义的语言,越能够煽情。

例如,一些领导往往会使用振奋性语言来鼓舞民众同仇敌忾,一些商家为了吸引顾客使用一些动员类的语言等。这些话语的运用都是为了激发对方的情感。

## 三、语言的特征

### (一)自然性

语言是由形式和意义两部分构成的符号系统,语言符号又可以具体切分出清晰的单位,符号与符号之间有着或横向或纵向的关系,相互之间可以组合,而且组合是呈线性的。此外,语言符号具有生成性,通过一定的语言规则,有限的符号可以生成无限的句子,表达无限的意思。

### (二)社会性

语言是一种交际工具,交际是其首要职能,信息的传递、情感的表达都需要借助语言这一工具来完成。语言这种工具具有全民性,不分年龄、性别地为全体社会成员服务。

语言产生于社会,又广泛运用于社会,且随着社会的发展变化而变化。反过来,语言能够反映社会,通过对语音进行研究就可以从中观察社会现象,并了解社会现象。

### (三)心理性

语言与思维关系密切,语言是人类进行思维的重要工具,如果离开语言,人的思维也就难以进行;反过来,如果脱离思维,语言也就无所依靠,就会毫无逻辑。可以说,思维是语言存在并正常运行的基础,如果思维出现问题,那么语言能力也会受到严重影响。

# 第二节　文化概述

无论是历史上还是现代社会,人们所说的社会都是全球社会,每一种文化都是将宇宙万物囊括在内的体系,并且将宇宙万物纳入各自的文化版图之中。总体上说,文化会涉及人与社会的关系、人的存在方式等层面。但是,其也包含一些具体的内容。因此,本节就从文化的定义、功能、特征三个层面来论述。

## 一、文化概念的演变

很多学者对文化做出了大量思考,各位学者、专家的观点可谓是见仁见智。这里先就其中较有代表性的定义进行分析。

### (一)汉语中的演变

"文化"一词的含义经过了漫长的历史演变,它在古汉语和现代汉语中有着截然不同的含义。"文化"一词首次出现在汉代的

《说苑·指武》中，"文化不改，然后加诛。"这里的"文化"对应于"武务"，表达的是一种治理社会的方法和主张。

南齐王融《三月三日曲水诗序》中记载："设神理以景俗，敷文化以柔远。"此处，"文化"是指用诗书礼乐等感化、教育人。

《辞海》指出，广义的文化是将人类在劳动实践过程中所创造的物质文明和精神文明相加以后的结果；狭义的文化是指社会上主流的感观思想以及相对应的制度、机构。[①]

张岱年和程宜山认为，人类生存于世，就需要处理与自己、他人和事物之间的关系，在这个过程中人类就启用了一定的思维方式和行为，这就是文化。[②]

金惠康指出，文化是生产方式、生活方式、价值观念以及社会准则等构成的复合体。[③]

## （二）英语中的演变

英语中的 culture 一词来源于拉丁文 cultura，表示"耕种、居住、保护和崇拜"的含义。这些含义是由"犁"进化而来的，表示一种过程和动作，后来又转变为"培养人的技能、品质"，到 18 世纪，该词的含义进一步转变，表示"整个社会里知识发展的普遍状态""心灵的普遍状态和习惯"和"各种艺术的普遍状态"。

首次给"文化"一词下定义的学者，应该是英国人类学家爱德华·伯内特·泰勒（Edward Burnett Taylor）。学术界普遍认为，他对文化所下的定义，是一种经典性的定义。他在 19 世纪 70 年代出版的《原始文化》一书中强调，在民族学的框架内，文化是由知识、信仰、艺术、道德、法律、习俗以及作为一个社会成员的人所习得的其他一切能力和习惯组成的一个整体。[④]

拉里·A.萨姆瓦（Larry A. Samovar）等人是研究有关交际

---

① 严明. 跨文化交际理论研究［M］. 哈尔滨：黑龙江大学出版社，2009：2.
② 闫文培. 全球化语境下的中西文化及语言对比［M］. 北京：科学出版社，2007：27.
③ 金惠康. 跨文化交际翻译续编［M］. 北京：中国对外翻译出版公司，2003：35.
④ 严明. 跨文化交际理论研究［M］. 哈尔滨：黑龙江大学出版社，2009：2.

问题的学者,他们强调,许多前辈不断在研究上投入更多的精力和心血,因此使得更多的知识、信念等精神元素以及一些物质元素展现在世人面前,这些统统可以称为文化。[①]

美国社会学家伊恩·罗伯逊(Ian Robertson)对社会学进行了颇多思考,他认为在社会学的范围内文化就是供人们使用的物质和非物质产品。

莫兰(Moran,2004)指出,时代在变,社会环境在变,人类的价值观和生活方式也在变,这就是文化所导致的结果。文化包括物质方面,也包括精神方面。[②]

## 二、文化的功能

### (一)规范功能

文化的一个重要作用就是要形成各种各样的制度规范来约束人们的社会行为,保证一个社会能够进行有序的运转和稳定的发展。随着社会生产力的不断发展,人类文明在演变的过程中逐步出现了各种规章制度,这些制度可以维护社会生产的有序进行。而如果社会成员的行为不能得到及时的引导和规范,社会就会陷入一种无序的状态。因此,文化的规范功能是保证社会有序发展的基本功能。

### (二)育人功能

文化具有知识属性,文化代表着学习知识,可以说文化就是知识,是知识不断积累的过程。文化的知识属性也决定了文化的育人功能。

育人并非指教育人,而是指改变人、培育人和提高人的水平。首先,文化促进人不断进化,借助文化,人们从愚昧走向了文明,

---

① 闫文培.全球化语境下的中西文化及语言对比[M].北京:科学出版社,2007:26.
② 侯贺英、陈曦.文化体验理论对文化教学的启发[J].时代经贸,2012,(2):16.

走向了博学。其次,文化可以塑造人,人们总是在不断地学习各种文化知识,从而塑造自己的人格。最后,文化可以提升人的能力,通过学习各种知识,人的创造能力会有所提升,使人从体力劳动者转变为脑力劳动者。

### (三)整合功能

社会需要通过文化的整合功能维系自身的团结与秩序的稳定,因此整合功能也是文化的重要功能。社会通过整合,可以协调文化内部各个部分之间的关系,使之形成一个和谐一致又联系紧密的整体。此外,同一个国家或同一个民族成员的制度、观念、行为等也需要规范,文化的整合功能恰好可以使这个国家或民族的成员能够对自己的国家或民族有一种归属感。通过文化对一个社会的不断整合,各个地区、各个民族的文化也互相融会贯通,从而达到加强民族团结,促进社会稳定与发展的目的。

### (四)化人功能

文化具有精神属性,这是区别人与动物的重要方式,文化的这种属性也决定了文化的化人功能,具体体现为两个方面。首先,文化是积极的、先进的,通过文化人们可以愉悦身心、启蒙心智,获得精神上的满足感和幸福感。其次,文化具有理论指导力、舆论向导力等,这些能有效满足人类的需求,成为人类的精神力量,推动着人类不断走向光明。

## 三、文化的分类

### (一)从文化结构解剖的视角

#### 1. 二分法

文化和交际总是被放到一起来讨论,文化在交际中有着无可替代的地位,并对交际的影响很大,因此有学者将文化分为交际文化和知识文化。

那些对跨文化交际直接起作用的文化信息就是交际文化,而那些对跨文化交际没有直接作用的文化就是知识文化,包括文化实物、艺术品、文物古迹等物质形式的文化。

学者们常常将关注点放在交际文化上,而对知识文化进行的研究较少。交际文化又分为外显交际文化和内隐交际文化。外显交际文化主要是关于衣食住行的文化,是表现出来的;内隐交际文化是关于思维和价值观的文化,不易察觉。

### 2. 三分法

三分法是将文化分为物质文化、制度文化和精神文化的分类方法。

人从出生开始就离不开物质的支撑,物质是满足人类基本生存需要的必需品。物质文化就是人类在社会实践中创造的有关文化的物质产品。物质文化是用来满足人类的生存需要的,是为了让人类更好地在当前的环境中生存下去,是文化的基础部分。

人是高级动物,会在生存的环境中通过合作和竞争来建立一个社会组织。这也是人与动物有区别的一个地方。人类创建制度,归根到底还是为自己服务的,但同时也对自己有所约束。一个社会必然有着与社会性质相适应的制度,制度包含着各种规则、法律等,制度文化就是与此相关的文化。

人与动物的另一个本质区别就是人的思想性。人有大脑,会思考,有意识。精神文化就是有关意识的文化,是一种无形的东西,构成了文化的精神内核。精神文化是人类在认识世界和改造世界的过程中挖掘出的一套思想理论,包括价值观、文学、哲学、道德、伦理、习俗、艺术、信仰等,因此也称为观念文化。

### (二)从人类学的视角

人类文化相当于一个金字塔,金字塔底部的是大众文化,金字塔中间的是深层文化，金字塔顶部的是高层文化。

大众文化是普通大众在共同的生活环境下共同创造出来的一种生活方式、交际风格等。

深层文化是不外现的，是内隐的，对大众文化有着指导作用，包括思维和价值观等。

高层文化又称"精英文化"，它是指相对来说较为高雅的文化内涵，如哲学、历史、文学、艺术等。

### （三）从支配地位的视角

文化一旦产生，就对生活在其中的人有着一定的规范作用和约束力。这是一种约定俗成的力量。一个社会中通常有多种文化，人们最终会按照哪一种文化规范来生活，就要看文化的支配地位了。因此，有人从文化的支配地位的视角，将文化分为主文化与亚文化。

所谓主文化，是在社会上占主导地位的，并被认为应该为人们所普遍接受的文化。主文化在共同体内被认为具有最充分的合理性和合法性。主文化具有三个属性：一是在权力支配关系中占主导地位，得到了权利的捍卫；二是在文化整体中是主要元素，这是在社会的更迭中形成的；三是对某个时期产生主要影响、代表时代主要趋势，这是时代的思想潮流所决定的。

相应地，亚文化是在社会中占附属地位的文化，它仅为社会上一部分成员所接受，或为某一社会群体所特有。亚文化也有两个属性：一是在文化权力关系中处于从属地位；二是在文化整体中占据次要的部分。虽然亚文化是与主文化相对应的一种文化，但是二者不是竞争和对抗的关系。值得注意的是，当一种亚文化在性质上发展到与主文化对立的时候，它就成了一种反文化。在一定条件下，文化与反文化还可以相互转化。文化不一定是积极的，反文化也不一定是消极的。

### （四）从语用学的视角

语用学研究的是语言在一定语境中的具体意义。语境是理解语言的重要元素。因为文化和语言分不开,因此文化和语境也是相互联系的。语言依赖于语境,同样,文化也对语境有一定程度上的依赖。但是,不同的文化对语境的依赖程度是不尽相同的。在不同的文化中,人们通过语境进行交际的方式及程度就存在着差异,而这种差异制约着交际的顺利进行。

按照文化对语境依赖程度的不同,可以将文化分为低语境文化和高语境文化。低语境文化是指对语境的依赖程度较低、主要借助语言符号进行交际的文化。高语境文化是指对语境的依赖程度较高、主要借助非语言符号进行交际的文化。西方国家通常是低语境文化,一些亚洲国家通常是高语境文化。

在低语境文化中进行交际时,人们大多是通过符号来传递交际信息的。而在高语境的文化中,交际环境和交际者的思维携带着大部分的交际信息。由此可见,语言信息在低语境文化内显得更为重要。他们在进行交际时,要求或期待对方的语言表达要尽可能清晰、明确,否则他们就会因信息模棱两可而产生困惑。而在高语境文化中,人们往往认为事实胜于雄辩,沉默也是一种语言。因此,低语境文化与高语境文化的成员在交际时易发生冲突。

虽然按照不同的视角,文化的分类不同,但是,有一点需要明确,那就是文化无优劣、高下之分。世界相当于一个村落,其中的任何民族和国家都享有平等的权利,其中的成员在人格上都是平等的,不应该因为文化的不同而被区别对待。例如,中国人习惯用筷子,西方人习惯用刀叉,只是源于不同的文化,不存在高低贵贱之分。文化不是用来比较和评价的,只是用来促进交际的。

## 四、文化的特征

### (一)传承性

文化具有传承性,是人类进化过程中衍生和创造的一种代代相传的习得行为,对个体和社会的生存、适应和发展具有促进意义。也就是说,文化并非人类生来就有的,而是在社会化过程中逐渐习得的,每一个社会人只有依靠特定文化的力量才能生存与发展。

文化作为人的生存方式,具有个人与群体生活的基本职能。在某种意义上,"文化是为人类生命过程提供解释系统、帮助他们对付生存困境的一种集体努力"①。

人类对自身生存行为所做的解释,使共同价值体系得以形成。这种共同价值体系的制度化反过来对人们的生存行为起着规范作用,决定他们与自然界进行物质交换的方式,同时对他们在此生存活动中的相互关系进行调整。

（二）民族性

文化具有民族性特征。人类学家克利福德・格尔茨（Clifford Geertz）这样说道:"人们的思想、价值、行动,甚至情感,如同他们的神经系统一样,都是文化的产物,即它们确实都是由人们与生俱来的能力、欲望等创造出来的。"②

这就是说,文化是特定群体和社会的所有成员共同接受和共享的,一般会以民族形式出现,具体通过一个民族使用共同的语言、遵守共同的风俗习惯,其所有成员具有共同的心理素质和性格体现出来。

（三）整合性

文化是各种要素构成的一个整合体系,体系的各部分在结构层面是互相联结,功能上是互相依存的。爱德华・霍尔曾借用信息论和系统论的基本思想,根据人类活动的领域将文化分为十大"信息系统":互动、联合、生存、两性、领土、时间、学习、消遣、防卫和利用,每个系统既为其他文化系统所反映,其自身也反映其他

---

① 孙英春. 跨文化传播学导论[M]. 北京:北京大学出版社,2008:3.
② 克利福德・格尔茨著,韩莉译. 文化的解释[M]. 上海:上海译林出版社,1999:63.

系统。此外,他指出,这些系统相互作用、相互影响,所以文化研究者可以将任意一个信息系统作为起点,最后均能呈现一幅完整的文化图景。

## 五、文化误读与文化包容

由于文化差异的客观存在,文化之间要达成理解和共识,需要经过长时间的磨合与调整。深刻认识文化差异,对于解决跨文化交际中的诸多问题提供了大量的帮助。面对文化差异,人们需要做出主观上的努力,从而在这个文化相互对立又相互联系的世界里,找到自己和这个世界的可持续发展途径。

事实上,在人类历史中成长起来的所有文化中,存在着一些共同的文化要素,如观念和规范等,这些相同之处有助于不同文化之间的相互融合。自 1949 年起,乔治·默多克的研究团队就开始从世界各地的民族志资料中总结人类共有的文化要素,他们建立的"人类关系区域档案库"就证明了这一点。从生物学意义上来讲,不同族群的人类群体的起源是相同的,文化隔阂是相对的,而且大多是不同群体对不同自然和社会环境适应的结果。因此,这些方面的研究告诉人们,在关注文化差异的同时,也不能仅仅强调文化差异,这样就会掩盖文化之间的共性,引起不必要的焦虑或其他消极情感,也不利于正确地理解现实,进而造成知识和观念的"虚假的普遍性"。

### (一)文化误读

文化误读(cultural misunderstanding)是基于己方的社会规范、观念体系、思维方式等对另一种文化产生的偏离事实的理解和评价。即使在同一文化内的交际中,误读也是存在的,只是在跨越文化交际中这种正常的误读会被放大,进而引起人际关系的恶化。

1. 文化误读产生的原因

不同的国家和民族有着不同的语言结构、社会历史背景、风俗人情,并且可能还有着不同的政治和意识形态。这些都可能导致文化误读。在跨文化交往中,除了文化的深层结构会造成误读,解读者自身的知识背景、社会地位等也是造成误读的因素。其中,由于知识背景导致误读的现象最为普遍,这主要是因为不同的文化解释者在知识的深度和广度上是不同的。例如,在马可·波罗的游记中,由于自身的知识背景,他曾把东方的犀牛当成了西方传说中的独角兽(unicorn)。

另外,在跨文化交往中,任何一个交往主体对异文化的态度,都很难摆脱自身的文化框架的束缚。西方社会对东方文化一直存在误读,东方社会同样对西方文化存在误读。他们一方面对遥远而陌生的文化很好奇,另一方面基于对自身文化的怀疑而对外部世界进行探索。总之,当人们对自身的文化感到非常满意时,往往会通过在异文化中寻找相似点来证明自身的优越性,从而忽视了异文化的独特之处;相反地,当人们不满于当前的文化现状时,往往希望从异文化那里找到解决自身矛盾的钥匙。

2. 文化误读的意义

虽然说文化差异导致了误读,但误读也是有意义的。文化误读可以对异文化进行补充和扩展,或者将异文化中某些潜在的、不易察觉的特征展现在世人面前。正是因为不同文化间的不可译、不可沟通,不同文化之间才会对彼此好奇,才会相互吸引,进而使其进一步地相互交流。甚至有时候人们还会带着某种意图而对异文化进行有意识的误读,其中既有解读者对不同文化的深入探究,也不乏被异域陌生观念激发的灵感。

3. 文化误读的分类

文化误读可以分为积极误读与消极误读两种情况。

（1）积极误读

积极误读是指主体文化从客体文化的角度来审视自己的文化，进行自我批判，并且虚心向其他文化学习。文化误读在一定程度上体现了人们不断向异文化靠拢的努力。通过对艺术或人文作品的误读，人们的想象力可能会被激发出来，灵感也可能由此迸发出来。中国文化进入西方文化的过程，就是通过伏尔泰、莱布尼茨、歌德等学者的改写和误读完成的。当积极的误读叠加到一定程度，就会经历从量变到质变的飞跃，带给彼此正确的认知，创造出新的意义，丰富异文化的内涵，体现出本土文化的主观能动性。高度一致的解读带来僵化，误读常常促进双方文化的进步。

（2）消极误读

消极误读是主体文化排斥客体文化，带着对自身文化的优越感轻视客体文化。

（二）文化包容

1. 文化包容的条件

文化不是为了冲突而产生和存在的，而是为了满足人的精神需要而产生和存在的。文化随着精神需要的发展而不断发展，如果文化能够满足并推动人类精神需要的进步，就可以被世界所包容。不同的文化，由于其生长的土壤与存在的社会历史条件不同，也由于其创造主体不同，是有可能产生冲突的。相对于不同文化之间的冲突而言，不同文化之间的包容才是人类社会文化发展的大势所趋。文化的包容性是在文化的发展与交往中生成的。

文化包容是有条件的，必须将文化包容放在大的历史条件和现实环境中去理解。文化具有包容性，并不意味着文化可以无所不包。一种文化有自身的价值立场和发展需要，这就决定了一种文化可以包容的东西有哪些，与其价值立场和发展需要相对立的，是不能包容的。一种文化所能包容的文化，必定有利于维护自身的价值立场和发展需要。所以,文化是有选择性地包容,其选择包容的是其他文化的先进成分,对于落后成分应该坚决抵制。从这个意义上来说,文化的包容就是一种择优性的选择。

文化的包容性,也是文化自信的表现。一种文化的包容性越大,就说明这种文化越自信;反过来,一种文化越自信,它的包容性就越大。有条件的包容,既可以确保自身文化的特性,也可以为自身文化注入新的元素,实现文化的创新与发展。

### 2. 文化包容的价值

黑格尔和马克思均指出,人类历史的发展必定导致世界历史的形成。大工业的发展以及对剩余价值最大化的追求,导致人类历史的发展跳出了地域限制,成为利益相关的命运共同体。在文化全球化的大格局之下,引领潮流的世界性文化不再单单由某个国家或民族来创造,而是由更多主体来创造,文化全球化是世界文化创造主体和世界文化元素的多元化。如今的时代已经远离了文化霸权,而是你中有我、我中有你,倡导文化包容。文化只有具备包容的品质,世界不同国家和民族的文化才能在共存中达到更多的一致,进而使得世界各个国家和民族联系得更加紧密。在人类文化发展史上,封闭的文化会被推到边缘的地带,并且阻碍世界历史的前进脚步;而那些包容性的文化才能主导世界文化,推动着世界历史的发展。

包容性的文化比较能够接受其他文化中的先进成分,因此能够较好地发展,也比较容易被其他文化所接受,能够从地域性文化向世界性文化转变,进而成为推动世界文化进步的强大力量。从根本上讲,一种文化之所以缺乏包容性,是因为文化创造主体的思想狭隘,并且这种封闭的文化也会影响生活在其中的人们的思维方式,使得他们也变得狭隘,缺乏开放精神,难以接受其他文化,从而导致在文化上的割裂。过于强调文化冲突,不利于世界文化的发展。只有包容性的文化,才有利于推动世界文化的车轮滚滚向前。

# 第三节　语言与文化的关系

语言与文化有着复杂的关系,仅从单一的角度进行分析难免有失偏颇,下面就从辩证的角度对二者的关系进行分析。

## 一、交叉关系

社会语言学家哈德森(Hudson)认为语言和文化是一种交叉关系,并指出语言是人们通过观察他人行为或直接学习的方式得来的知识。根据这一观点,哈德森还将文化分为以下三类。

(1)通过观察学习到的知识。

(2)通过直接学习和体验获得的知识。

(3)人类共享的普遍认同的知识,不需要互相学习即可获得。

哈德森指出,语言并不全都是从文化中获取的,部分语言形式是个体通过直接学习或自身经验获取的,因此语言与文化的交叉部分是个体从他人那里习得的语言形式。

## 二、促进关系

语言与文化的关系十分密切,从整体上来说二者处于互促互进的关系中。

(1)语言促进文化的发展。语言是由人创造、使用、发展和完善的,它的产生又使人有了文化。语言的这种功能,也确定了其文化属性。语言被称作文化的载体,是反映民族文化的一面镜子。二者既密切联系又互相区别。文化的创造离不开语言,文化的变化和发展也不能与语言的变化和发展割裂开来。文化从一开始就与语言密不可分。

(2)文化推动语言的革新。社会文化的发展同样也会对语言的革新起到重要的推动作用。在文化发展的前提下,语言体系才能不断地完善与丰富,如果没有文化的发展作为前提,语言则会成为无水之鱼,无法进行革新。例如,社会新词的出现就是文化发展在语言上的集中体现。

## 三、依赖关系

语言是根植在民族脊梁中的血液供给,是实现文化传播的重要形式载体。它不仅能够将文化的整体信息完整地保存,并且语言又可被视为一种极为特殊的文化现象,它能很直接地体现一个民族的文化和精神。因此,我们可以说,语言文字具有统一性的特点,它是作为一个国家凝聚内部精神并传承优秀历史和文化的主要渠道而存在的。一国母语在国际上的社会地位、生存状况等,都会对该民族在国际社会上的文化地位产生直接的影响。

## 四、互动关系

语言同文化间的关系非常密切,二者不能脱离彼此而存在,而是始终处于一种共生、共存的状态中。语言属于文化的一分子,同时语言本身其实也是文化的一种表面形式。从表面上来看,一些分属于不同文化系统下的人们,其各自的语言活动特点也通常有所不同。例如,澳大利亚英语体现出一种严谨性和保守性,英国英语则呈现出直率、宽松的特点。如果对这两种语言进行分析,可知它们分别属于两种不同的文化,并且各自展现其本身所固有的文化特质。与文化有着高度的一致性,语言也为人类社会所独有,属于人类的创造物。

# 第二章 文化翻译

　　语言和文化的同一性使得翻译无法跨越文化的围栏。最初，"文化翻译"只是人类学中的概念。后来，翻译研究的文化转向和文化研究的翻译转向将文化与翻译紧密地联系在一起。由于文化是人文学科的研究热点，因此从文化角度研究翻译成为翻译界的一种普遍现象。于是，文化翻译频频出现在翻译研究的文献资料中。

## 第一节 翻译概述

　　不管是哪个阶层的人，都知道翻译是语言到语言的转换。翻译在语言交流中的媒介作用，已经得到了人们的普遍认同，但这并不等于人们都真正了解翻译及其运行机制。因此，本节就对翻译作基本的介绍。

### 一、翻译的定义

　　了解一个事物的开端，是对其基本概念进行界定。概念界定是所有理论研究和实践研究的起点。中外很多学者都对翻译进行了界定，表述不一，但是基本内核相似。

（一）西方的定义

　　西方对翻译下定义的学者非常多，在此仅介绍几种具有代表性的定义，罗列如下。

苏联翻译理论家费道罗夫（Fedorov）从信息传递的角度出发，认为源语文本所具有的独特内容和形式携带着一些信息，翻译就是用译语使这些信息再现。①

斯莱普（Slype）也是从对等的角度来定义翻译，认为翻译是在实现意义对等的条件下将源语文本用译语文本替换。

英国著名翻译理论家卡特福特（J. C. Catford）从等值的角度来界定翻译，认为翻译就是在保证等值的前提下用译语文本去替换源语的文本。②

美国著名翻译理论家尤金·A. 奈达（Eugene A. Nida）坚持对等翻译观，认为翻译就是将源语文本呈现出来的风格以及表达的意义，用最自然、最接近的译语对等地体现出来。

（二）中国的定义

中国也有一些学者对翻译进行了研究，其研究成果以著作或论文的形式发表出来，其中就包含了对翻译的界定。

王克非将翻译视为一种文化活动，指出翻译是用译语再次展现源语的内涵。

孙致礼基于文化发展的角度，提出翻译是用译语来揭示源语的意义，从而实现文化的交流与发展以及社会文明的进步。

侯林平从跨文化交际的角度指出，翻译就是为了顺利地进行跨文化交际而用译语文本去传递源语文本的意图。

王宏印以译者和文本价值为切入点，指出翻译是以译者为主体，用译语准确转换源语从而获得与源语类似的文献价值的一种创造性思维活动。

张培基将翻译视为一种重新表达的语言活动，认为翻译就是用译语重新表达源语的内容。

谭载喜将翻译视为有艺术性质的技术，认为翻译是用译语来再现源语的意义的创造性过程。

---

① 何江波. 英语翻译理论与实践教程［M］. 长沙：湖南大学出版社，2010：2.

② 同上.

## 二、翻译的原则

### （一）语言学原则

从语言学的角度来研究翻译问题，是从奥古斯丁开始的，他是西方翻译理论的语言学传统的鼻祖和创始人。谈到语言，人们就会想到符号这个概念。在参照和继承了亚里士多德的"符号"理论的情况下，奥古斯丁指出语言符号包括"能指""所指"两种内容，并揭示了这两者和译者"判断"之间的相互关系。

既然是从语言学视角研究翻译，那么语言学的观点必然会影响对翻译的研究。毫无疑问，西方翻译理论就受到了斐迪南·德·索绪尔（Ferdinand de Saussure）的普通语言学理论的深刻影响。20 世纪初，斐迪南·德·索绪尔详细说明了什么是语言以及什么是言语，并对语言的历时和共时的辨别提供了详细的解释，为此后翻译研究的语言学派构建了基本框架。也就是从这时候起，西方翻译学者纷纷注意到，语言理论可以为建构翻译模式提供理论支持。这也就导致翻译语言学派比较关注翻译中的语言事实，如语音、词汇、句子、篇章等一些语言单元都是研究者们的着手点，试图以此探索翻译活动的普遍规律。此外，他们深深地赞同"等值"理论，认为要进行翻译，必须先解决语言之间的转换问题。

索绪尔的理论涵盖心理学、语言学、社会学三个方面。在心理学上，认为一件已经过去的事情仍会造成影响；在语言学上，认为语言符号具有任意性；在社会学上，认为语言是一种存在于集体心智中的社会事实。另外，索绪尔还提出了以下几个观点。第一，"言语"和"语言"是两个不同的概念，言语是说出的话或写出来的文章，语言是抽象的语法规则系统和词汇系统。使用同一语言的人做出的言语行为是不同的。第二，语言是极为复杂且异质的现象，人们可以从许多不同的角度去分析一个简单的言语活动。第三，语言是一种形式、一套规则体系，并非实体。第四，语言符号之间既有聚合关系,也有组合关系。第五,内部语言学和外部语言学有着不同的影响因素。第六,可以从历史的角度来解释语言现象,也可以对语言做出静态描写,事实上共识性研究优于历时性研究,因为语言的历史变化对于当时的言语行为的影响很小。

奈达首次倡导要进行科学的翻译,并将信息论引入了翻译研究,创立了翻译研究的交际学派。他还就翻译过程提出"分析""转换""重组"和"检验"四步模式。奈达最著名的观点是翻译原则的"对等"观,包括动态对等和功能对等,他提出的这一翻译原则对西方翻译研究贡献巨大。

雅各布逊一直坚持语言功能理论,使得翻译研究跳出了词汇、句子和语篇等的限制性框架结构,而为翻译研究开拓出了一种语境模式,重点关注翻译中语言的意义、等值、可译性和不可译性等根本问题。

纽马克提出了"交际翻译"和"语义翻译"两个重要的翻译策略。要根据文本的类型,来选择恰当的翻译策略,这样才能达到效果等值。交际翻译则力求接近原文文本,语义翻译在目标语结构许可的情况下尽可能准确再现原文意义和语境。他不断反思自身翻译理论的不足,并进一步提出"关联翻译法"。

(二)意识形态原则

意识形态原则涉及源语文本与目标语文本等诸多因素。斯林格伦德(Slingerland)在英译《论语》时非常注重文中的关键概念,如仁、礼等,为了尽量保留中国文化特色,采取"英译+拼音+汉字原文"的翻译策略。

肖唐金、肖志鹏提出翻译中的语篇意识形态二分论,即宏观层面和微观层面的意识形态。前者与政治、"声音"、文体风格有关,后者涉及文本措辞、信息组织结构。

在翻译过程中源语文本与目标语文本意识形态在开始、中间、结束层次上的运作机制不同,这会体现在作者、文本构建者和接受者、读者上。

### （三）美学原则

20世纪中下叶，接受美学在西方翻译界得到了较大发展，是美学原则的具体体现，强调跨文化交际翻译学实践的动态性、互动性、译者与读者的合作性。从接受美学的角度来看，审美价值不仅取决于作品的审美品质，还取决于读者的阅读参与。也就是说，纵然作品的审美特征已经存在，但若未经读者阅读，该作品只具有审美方面的"潜在价值"而非"实际价值"；审美价值的真正形成，取决于读者的阅读欣赏——尤其是阅读时的再创造活动。

同理，在翻译中，仅有译者的译作是不够的，还必须有读者对译作的阅读与接受，翻译活动才算完成。就翻译作品的审美价值而言，译者除了要考虑原作审美特征的再现程度，还要顾及读者对译作审美特征的接受程度——亦即通过译作对原作审美特征的接受程度。可见，翻译作品的审美价值涉及的不仅仅是翻译作品本身（内部要素），而且涉及了众多其他要素（外部要素）。内部要素包括审美客体和审美主体，审美客体涉及原作和译作，而原作的审美主体涉及作者、译者，其对应译作的审美主体则主要涉及译者与读者。外部要素包括审美客体和审美主体各自以及共同所处的语言、文化、地域、历史等外部条件。译文是原文另一种语言的再现，因而译文审美价值取决于原文的审美构成——"形式美"和"内容美"。其中，"形式"是指语言形式，"内容"包括主题、思想以及具有审美感染力的评价。可见，译作的审美价值有赖于译者对原作与译作"形式美"和"内容美"的把握。

刘宓庆认为所有的审美客体都具有"本体属性"和"关系属性"。"本体属性"具体表现为审美客体的审美构成，而审美构成又分为"形式系统"和"非形式系统"。其中，"形式系统"着眼于内容的物态形式、外象形式（包括语音、文字、词语、句子、段落等层面的审美信息），"非形式系统"是指作为"总体存在"的非外象形式（包括"情""志""意""象"）。"关系属性"包括从原文美到译文美的关系、原作与译者的关系、原作的时代与译者所处的时代的关系等。刘宓庆还指出,"美只存在于特定的关系中",所以审美客体只有与审美主体相结合,它的美才有意义。

# 三、翻译的过程

## (一)理解

翻译的起步阶段就是理解,理解是表达的前提。如果译者无法完整、准确、透彻地理解源语文本,就无法用译语来表达源语文本所传递的信息。理解是翻译中最关键的过程,同时也是最容易出现纰漏的过程。在理解的过程中,译者需要承担以下几种任务。

### 1. 宏观任务

(1)分析源语文本的体裁。在理解源语文本的过程中,译者首先要对文本的体裁进行辨识。因为不同的语篇类型,所采用的翻译策略或方法也不同,如文学翻译要求译者在翻译的过程中具有创新意识,商务翻译对信息的准确性要求较高,所以这一任务非常重要。分析了源语文本的体裁,也就是了解了源语文本的文体风格,译者可以据此思考译语文本所采用的文体风格。

(2)分析文化背景。翻译具有跨文化交际性质。因此,译者必须了解两种文化在政治、历史、经济、科技、风俗习惯等诸多文化内部要素方面存在的差异,只要这样,译者才能准确理解或者表达,进而在翻译中避免文化冲突的发生。

### 2. 微观任务

在分析了源语文本的宏观要素之后,接下来就应该分析源语文本的微观因素了。

(1)分析语言现象。源语文本中的语言现象是译者在翻译中绕不开的部分,语言现象不仅包括语音、语法规则、词汇构成等层面,还包括语义的层面,如一词多义、多词同义等。

（2）分析逻辑关系。每一种语言都是思维的反映,是实现思维、传达思维的工具,思维就是逻辑分析的方式。既然翻译是跨语言的转换活动,那么就应该属于语言逻辑活动。逻辑贯穿于翻译过程,译者不仅通过逻辑分析来理解原文,更要通过逻辑方式来进行译语的表达。语言表达不能只合乎语法规则,还要合乎逻辑,否则表达也就失去了意义。

总之,对源语文本的准确理解,应该涉及以上四个方面,缺一不可。

（二）表达

理解的最终目的是指向表达的。表达就是用译语来转换源语的过程。表达是否足够精准,在很大程度上取决于译者对源语文本的理解以及译者的双语语言能力。在互联网＋的时代背景下,新经济的发展以创新为驱动,而创造性思维作为一切创新成果的源头和内核更是重中之重。余光中指出,翻译作为一种心智活动,其中无法完全避免译者的创作。创作是创造性思维发挥作用的体现。在翻译实践中,译者如果没有创造性思维,根本不可能实现语言间的高质量转换。翻译过程中需要的创造性思维表现在译者认识到翻译难点,然后通过灵活运用语言内和语言外知识,全新地组织语言并形成恰当的译文。创造性思维的关键特色在于“奇”和“异”。具有较大难度的政论文本翻译更需要创造性思维的参与。

由于中、英两种语言具有不同的语言特点,并且归属于两种不同的文化。译者必须跳出源语文本的形式框架,用另一种语言来表达源语文本的语义,进而在双语文本之间找到共享结构,这个过程必定需要创新思维。只有具有创造性思维的译者才能突破各种壁垒,使文化因子在交流双方之间顺畅流转。创造性思维的发挥恰好可以解决此类翻译问题。

创造性思维既贯穿于对源语理解的过程,也参与译语表达的过程。创造性翻译可以通过重新表达来实现。重新表达,是指当源语文本中的语言结构所表达的意义无法在译语中找到对等的语言结构来表达时,译者必须结合整个源语文本和自己的各种知识,在译语中创造与源语文本中意义对等的新的语言结构,这显然需要通过创造性思维的发挥来挣脱源语结构的束缚。事实上,文化输出中的对外翻译应该考虑国外读者的接受反应,不能仅强调"忠实"于源语文化而忽视译语接受者的感受,这会影响文化输出的质量和效果。因此,变译、改写等翻译策略有时更有助于实现文化交流的目的。而在政策性短论的对外翻译中,其中看似普通、大众的语言表达其实是创造性思维辅助的结果。

## (三)校改

校改是翻译的最后阶段。翻译是一项需要耐心、理想主义精神的认知活动。对待翻译,译者不能因为对材料的熟悉和经验的丰富而有丝毫漫不经心的态度倾向,相反应该始终坚持精益求精的行为准则,才能最终向读者交出最理想的译作。即使译者的翻译能力再高超,翻译经验再丰富,也还是难免出现各种错误,因为与浩瀚的世界相比,个人的认知还是非常有限的,个人的认知不可能触及世界的每个角落。因此,翻译的过程也就是不断检查和校改的过程。校改一般应注意以下几个方面。

(1)检查文章中重要的翻译单位是否有错误。

(2)检查文章中的标点符号是否使用错误。

(3)核对译文的表述与目的语表述是否一致。

(4)检查文章中的重要人名、专有名词、地名、数字等是否存在错误。

(5)检查译文中的常见翻译单位是否表述准确。

## 四、翻译的标准

随着历史的更迭,翻译标准也在不断更新。从古至今,不少翻译学家提出了各种各样的翻译标准。在此,简单梳理国内外曾经流行的翻译标准。

### (一)国内的翻译标准

从古代、近代、现代到当代,翻译标准可谓是百花齐放。

#### 1. 古代翻译标准

(1)古代翻译源于佛经翻译,而中国佛经翻译事业的创始人就是安世高。他通常采取直译的翻译方法,为了再现原文结构,不惜以语法为代价,并且在术语翻译上也有失误。

(2)三国时期的佛经翻译家支谦认为翻译不易,在翻译的标准上倾向于"文"而不是"质"。

(3)东晋佛教学者道安在国内首次总结了翻译经验,提出了著名的"五失本、三不易"理论,"五失本"指五种情况容易使译文无法再现原文的面貌,"三不易"指三种情况不易翻译。

(4)译经大师鸠摩罗什主张意译,并且创造出一种兼具外来语与汉语之美的文体,既再现了原典的旨意,又实现了流畅的表达。

(5)要论佛经翻译的最高成就者,非玄奘莫属。他的翻译方法被称为"新译",他巧妙运用补充法、省略法、变位法、分合法、译名假借法、代词还原法等各种翻译方法。玄奘认为译文应尽量做到忠实于原文且通顺流畅,并提出"五不翻"原则。

(6)魏象乾认为,译文应该了解原文的意思,表达原文的措辞,保留原文的风格,传达原文的神韵,既不要增译也不要删减,更不要颠倒原文顺序或断章取义。

#### 2. 近代翻译标准

(1)马建忠提出了著名的"善译"标准,即译文应与原文在意思与风格上没有很大出入,并能使读者获益。

(2)严复是我国翻译史上最早明确提出翻译标准的人,提出了著名的"信、达、雅"标准。

（3）梁启超认为好的翻译应当使读者彻底明白原文的意思，并且指出翻译应该避免两种情况的发生：一是因为遵循汉语习惯而丧失英文原意，二是因为遵循英语习惯而使汉语译文晦涩难懂。

（4）林纾提出译文要忠实于原著，译名应统一等主张。

### 3. 现代翻译标准

（1）鲁迅把翻译应忠实于原作放到了首要的位置，并大力提倡忠实于原著的白话文直译法，提出了"以直译为主，以意译为辅"与"以信为主，以顺为辅"的翻译标准。

（2）胡适指出，翻译有三重责任：一是要对原作者负责任，二是要对读者负责任，三是要对自己负责任。

（3）郭沫若把自己的翻译方法称作"风韵译"，提出翻译要做到"字句、意义、气韵"三者不走样。

（5）林语堂提出了翻译的三条标准，即忠实标准、通顺标准和美的标准。其中，忠实标准有"非字译""须传神""非绝对""须通顺"四项意义，分"直译""死译""意译"和"胡译"四个等级。

### 4. 当代翻译标准

（1）焦菊隐认为翻译是"二度"创造的艺术，提出了"整体论"的翻译思想，认为译者要建立整体观念，做到整体意义对应，然后再从上到下、由大到小审视每个部分的意义，逐步完成各个部分的对应。

（2）傅雷最著名的翻译思想就是"传神说"，即"重神似不重形似；译文必须为纯粹之中文"，强调译者要从本质的层面去传递原文的内容，包括原作的风格、意境、神韵等。

（3）钱钟书提出了"化境说"，既能不因语文习惯的差异而露出生硬牵强的痕迹，又能完全保存原作的风味。

（4）许渊冲把中国学派的文学翻译理论总结成"美化之艺术，

创优似竞赛"十个字,认为最好的原文变成对等的译文,并不一定是最好的译文,并提出"意美、音美、形美"的翻译标准。

（二）国外的翻译标准

国外比较有代表性的翻译标准包括如下几种。

（1）歌德（Goethe）认为逐字对照翻译最好,既能传递原文的信息,又可以体现译文的优美。

（2）泰特勒（Tytler）提出了著名的翻译"三原则":第一,译本应该完全转写出原文作品的思想;第二,译文写作风格和方式应该与原文的风格和方式属于同一性质;第三,译本应该具有原文所具有的流畅和自然。

（3）奈达提出"功能对等"的翻译原则,对等包括词汇、句法、篇章、文体四个方面,其中意义是最重要的,其次是形式。为此,译者可以遵循以下三个步骤。

第一,努力创造出既符合原文语义,又体现原文文化特色的译作。

第二,如果意义和文化不能同时兼顾,译者只有通过在译文中改变原文的形式达到再现原文语义和文化的目的。

第三,如果形式的改变仍然不足以表达原文的语义和文化,可以采用"重创"手段,即用译语的词汇来阐述源语的文化内涵,使源语和目的语达到意义上的对等。

（4）纽马克认为不同的文本具有不同的功能,译者必须挖掘出原文所具有的功能,进而使译文忠实地传达出原文所具有的功能,从而使译文读者获得和原文读者相同的感受。

## 五、翻译之辩

（一）可译与不可译之辩

在欧洲文艺复兴时期,意大利诗人但丁·阿利基耶里（Dante

Alighieri)就提出了文学的可译性问题。到了 19 世纪,翻译界开始讨论文本的可译性问题。

1. 国内外对可译性的观点

(1)国外的观点

在国外,德国著名哲学家、语言学家洪堡特(Humboldt,1997)首次对可译性问题进行了系统的阐释。洪堡特指出,翻译是一种难以两全的任务,要么靠近原作而牺牲本族语,要么靠近本族语而牺牲原作。因此,他进一步认为,在翻译中不存在等值。尽管如此,他依然认同翻译的可行性。在此基础上,他对可译性和不可译性提出了自己的看法。他以语言的特点为理论依据,辩证地论述了可译性和不可译性。一方面,他认为人类本性的统一决定了语言的普遍性,语言的普遍性决定了语言的可译性。并且,他认为语言是外在于主体的客观工具,所以语言成为普遍的认知手段,语言的客观性决定了语言的可译性。另一方面,他认为语言也具有主观性,因此语言因人而异,这又决定了语言的不可译性。

还有两位学者明确地坚持可译性的观点,那就是奈达和斯坦纳(George Steiner),他们都认为语言的同一性远远高于语言的差异性,这就决定了语言的可译性。

(2)国内的观点

国内学者很早就注意到了可译性的问题,只是没有进行系统的阐述,关于可译性问题的观点散见于学者们的翻译理论中。

第一,道安、玄奘的观点。

道安提出了“五失本”“三不易”的理论,指出了梵文佛经翻译时要牺牲原文的五种情况,以及翻译中比较棘手的三个问题。

唐代玄奘提出“五不翻”理论,指出了不采用意译而应采用音译的五种情况。

第二,贺麟与陈康的观点。

贺麟(1940)从心理学的角度出发,认为人类在本性和文化源泉上是相通的,因此这一方面是可译的。

陈康(1985)认为,每一种民族的语言只能表达该民族内部的思想,因此他认为语言是不可译的。

第三,刘宓庆的观点。

刘宓庆(1990)将可译性解释为"源语的可译程度",使得可译性是与非的框架,而成为一个由不同程度构成的连续体。他所说的可译性限度,是指语言在结构和文化上的差异制约了语言的完全转换。他又进一步从语言文字结构障碍、表现法障碍和文化障碍三个方面系统论述了可译性限度的根源。

## 2. 可译性前提

可译性问题就隐藏在语言问题之中。基于此,我们可以将可译性前提归纳为以下几个方面。

(1)相似的经验世界

人们在同一个世界中形成体验,这是语言可译性的逻辑基础。语言是基于共同经验形成的。由于语言的指示性,人们可以互相分享体验。因为原文作者和译者面对的是同一文本所指的同一世界,所以他们有着对同一世界的体验。两种语言的差异表现在语形、语音和语义上。人们由于在认知事物的依据上的相似性而形成了一个基本相同的概念系统框架,这种框架在语言学上称为"语义结构"。在"语义三角"中,观念对于事物属于认知层面,语言对于观念属于表达层面,语言对于外在事物属于语义层面。观念和语言都是认知的中介。在哲学层面,语言具有同质性。语形和语音的差异制约了翻译,但是语义作为人们相似的经验世界,决定了语言的可译性。

(2)共同的生理与心理语言基础

人类拥有相同的发音器官和发声机制。因此,人类拥有相同的生理和心理基础。建立在这一点基础上的语言必定具有相似性。另外,人类在生理限制性上的相似性,导致他们为了提高语言习得效率,只能筛选出数量有限的音素、语素、组合方式和语法结构类型。

（3）共同的语言功能基础

人类相似的生存动力，促使他们与自然、社会发生着各种各样的关系，语言在这一过程中就是一种工具。另外，人类对生活的体验、对生态环境的要求、对生活意义的追寻大致相似。所有这些决定了人类语言在功能上的相似性，进而促成了语言的可译性。

3. 可译性限度

语言是可译的，但是也有一定的限度。万德鲁兹卡（Wandruszka，1971）强调，由于人类在心智上的差异无法确定，因此可译性限度就无法确定。一般来讲，强势语言会不断侵袭弱势语言，但是弱势语言不可能在短期内完全接纳另一个语言系统。所以，人类语言在频繁交往之后也并没有呈现出大同趋势，而是仍然保持着相互之间的差异，这就导致了可译性限度。英国翻译理论家卡特福德（J. C. Catford）认为，可译性限度可以从语言和文化两个方面来探索。

（1）语言上的可译性限度

不同的民族在自己的领土范围内，形成了独特的语言系统，这就是语言的异质性，它是语言不可译的根源。语言在表层结构，存在较多的差异，而在深层结构存在较多的共同点。威尔斯（Wills，2001）甚至认为，语言在句法、词汇和社会文化方面不存在同构。雅各布逊（R. Jacobson）认为，每一种语言都有它必须表达的内容，有的内容在语言中是强制性的，这决定了语言结构的差异性。综合上述观点，可以从三个方面思考语言的可译性限度。

第一，句法结构的可译性限度。句法结构作为语言的内部机制，是语言中较稳定的一方面。谱系关系的距离和句法关系的差异之间存在正相关的关系，谱系关系的距离越大，句法关系的差异也越大。英语属印欧语系，汉语属于汉藏语系，二者之间的互译就存在可译性限度的问题。

第二,词汇形态的可译性限度。语言的词汇形态是其固有属性,词汇形态的特异性导致了语言的不可译性。这一观点得到了奈达的支持,他还认为兼具意义和形式的词汇形态,常常只存在于一种语言中,是具有可译性限度的。

第三,语义上的可译性限度。意义是翻译最在乎的对象,当意义和形式发生矛盾时,常常舍弃形式而追求意义。如前所述,语言在语义层面上是同构的,但这不代表不存在可译性限度。不同语言的语义系统不是完全对应的,并且语义有多种层面,如概念意义、内涵意义、联想意义等。因此,在语义层面,可译性限度也是存在的。

(2)文化上的可译性限度

文化制约着语言,所以语言的不可译性源于文化。但是,随着文化融合程度的加深,曾经不可译的语言可能会转变为可译的语言。因此,文化因素所造成的不可译性是相对的,它大致包括以下三种情况。

第一,当某种语言结构和语言意义存在于一种文化中,而在另一种文化中找不到对等语,即文化空缺,就产生了可译性限度的问题,但是这种不可译性是暂时的,这类词语经过一个接纳、消化和推广的过程最终都能进入译入语文化。

第二,当源语中表达民族特殊事物的词语发生了转义,也会产生可译性限度。

第三,当源语中某些事物在译入语文化中存在相应的指称词,但是在译入语文化中被赋予了不同的联想意义,这种情况也会产生可译性限度。

(二)翻译主体之辩

1. 翻译主体是否唯一

对翻译主体的唯一性,学界的观点基本分为两派,一派认为翻译主体是唯一的,另一派认为翻译主体不是唯一的。

（1）翻译主体的唯一

国外很多学者都将翻译的主体视为译者，法国的安托瓦纳·贝尔曼（Antonio Berman）就是其中一个代表。安托瓦纳·贝尔曼认为，无论从翻译的理论研究还是从翻译的具体操作来看，译者都应该是翻译的唯一主体，这源于译者的翻译动机、翻译目的、翻译立场、翻译方案等。

我国学者袁莉（2002）以文学翻译为切入点，认为译者是文学翻译中最重要的因素，理应被视为与作家平等的艺术创造主体。

许钧（2003）从狭义和广义两个角度讨论了翻译主体的问题，在翻译的过程中作者、译者、读者形成了一个以译者为中心的活动场，因此译者是狭义的翻译主体，作者、译者和读者是广义上的翻译主体。

查明建、田雨（2003）基于对"翻译"内涵的阐释对主体进行了思考，如果"翻译"指一种行为，翻译主体就是译者，如果"翻译"指翻译过程中包含的所有因素，翻译主体就包括译者、原作者和读者。

陈大亮（2004）首先划定了主体的基本范围，指出主体是具有社会性和实践性的人，因此翻译主体理应指从事翻译实践的人——译者，原文作者和读者因为没有参与翻译活动，所以不能看作翻译主体。

（2）翻译主体的不唯一

我国德文翻译家杨武能（1987）从文学翻译的视角探讨了主体问题，认为文学翻译的主体是翻译中的人，即作家、翻译家和读者，其中，译者是最重要的主体。

谢天振（1999）认为，文学翻译的主体除译者外，还包括读者和接受环境等。

李明（2006）从翻译活动所涉及的因素来看待主体的问题，强调作者、译者、译文、原文读者和译文读者都是翻译主体。

2. 译者主体性的确立

传统翻译理论认为，译者只需要忠实传递源语信息，因此扮演着隐形的"仆人"角色。然而,随着翻译研究广度和深度的扩展,人们逐渐开始质疑传统翻译理论中译者的角色定位,而注意到了译者的客观存在。国内外都存在提出质疑的学者。威尔斯(Wills,2001)认为,在翻译这种复杂的精神活动中,译者的存在应该受到重视。屠国元、肖锦银(1998)指出,译者自身的思想使其无法"非个性化"。吕俊、侯向群(2001)也认为,译者是带着自身的知识、经验、文化和审美等特质进入文本的,因此对文本会产生自己的理解。综合他们的观点可知,译者在进入翻译时无可避免地会发挥其主观能动性。

(1)译者主体性确立的理由

译者主体性之所以能够确立,主要可以从以下几个方面来考虑。

第一,实践活动的性质。人是社会的人,必然会与社会中的人和物发生各种各样的联系,因此会参与一定的实践活动,这就要求人要发挥主观能动性。翻译作为一项语言转换的实践活动,因而也要求译者发挥主观能动性,以确保翻译的顺利进行。翻译既是译者带着源语的束缚的实践活动过程,又是自身不断适应和选择的过程。这种适应和选择的结果就因译者的个体差异而呈现出不同的面貌。

第二,译者的核心地位。译者是语言和文化的中介者,很多学者曾经表达过这种观点。语言和文化中介者应履行的职责就是用一种语言和文化表达另一种语言和文化所传递的意义,所以文化中介者必须是二元文化的。不仅如此,译者也是原文作者与译文读者的中介者,必须忠实地将原文作者的意愿传达给译文读者。由此看来,译者具有两种中介者的身份,它的核心地位无法动摇。

第三,一本多译现象。一本多译现象之所以在古今中外如此普遍,主要原因在于译者主观能动性的发挥。面对同一个源语文本,不同的译者交出了不同的译语文本,这就充分说明译者在翻译中嵌入了自己对源语文本的解读。另外,一本多译现象还受到时代变迁的影响,当一种译本被时代淘汰,必然有新的译本来取代它。语言和思想具有历史性,译者要跟上历史前进的步伐。

第四,翻译理论流派之见。在众多翻译理论流派中,将译者主体性推向极致的是解构主义学派。解构主义首先否定了作者的主体性,继而又否定了读者的主体性,彻底地将译者放在翻译的中心地位,将译者视为"改写者、叛逆者、征服者"。源语文本的意义是依据语境来确定的,当语境发生了变化,源语文本的意义就有所改变。因此,翻译是一种改写和重组,译者要不断改写源语文本。后现代主义立足于哲学,进一步把译者推到了文本操控者的地位。另外,包括福柯(Michel Foucault)在内的一些学者从社会学的角度出发,认为译者主体性的发挥是在一定的框架内进行的,而不是随心所欲的,主要原因在于生活在权力话语网中的译者必然受到社会权力话语的束缚。

(2)译者主体性的内涵

主体性最根本的内容是人特有的主观能动性,能动性是主体性最为突出的特征。译者主体性是指译者在翻译中发挥的主观能动性。译者主体性呈现出以下四种特征。

第一,译者通过自身的主体意识以及各种翻译策略,展现了自身的内在文化基础。

第二,原文作者通过原文传递了某些意向,译者需要选择所要传达的意向。译者一方面要选择所要传达的原文的意向,另一方面要根据译语读者对原文进行二度创作。这种选择的行为就体现了译者的主体性。

第三,译者通过自己的创造活动,使得源语文本在译语中保留下来,获得了新生。这要求译者挣脱原文的枷锁,逃离时空的限制。正是译者的创造性确立了其主体性。

第四,根据文化翻译理论,译者在翻译中彰显异国文化,就意味着译者主体性的发挥。翻译是对原文的改写,体现了译者的意图、意识形态和诗学。

### 3. 主体间性

许钧、穆雷(2009)就强调,主体性的提法容易陷入夸大主体自我解释的独断论,使翻译的解释从一个极端走向另一个极端。在强调译者主体地位时,应避免译者以创造之名,实施脱离原文的任意翻译。为了避免陷入主体独断的局面,可以在原文作者、译者和译文读者等主体之间建立一种相互沟通和接受的对话关系。这种关系是一种主体之间的关系。

(1)"主体间性"的由来

为了摆脱"唯我论"的极端局面,现象学家埃德蒙德·古斯塔夫·阿尔布雷布特·胡塞尔(Edmund Gustav Albrecht Husserl)提出了"主体间性"的概念,它又称为"主体际性、主体通性、共主体性、交互主体性",后由哈贝马斯(Habermas)真正引入社会生活中。

翻译界对译者主体性的重视,并非否定了翻译中的其他主体,而是认识到了翻译活动的多种主体性。译者和作者、读者的密切关联,使得翻译主体性的研究实质上成为翻译主体间性的研究。因此,需要用主体间性理论指导主体性研究。翻译主体性研究几经变革,从作者主体性研究转向译者主体性研究,再转向以译者为中心的多个主体的研究,最后转向以作者、译者和译文读者之间的主体间性研究。这就说明翻译活动也不再是一种孤立的语言转换活动,而是一种主体间的对话。

(2)哲学上主体间性转向的推动作用

现代西方哲学为了避免走向"唯我论"的极端化倾向,就转向了主体间性,这促进了翻译主体间性的研究。当然,翻译的主体间性不仅仅探讨哲学主体间性所表示的现实交往问题,而是探讨作者与译者跨越时空的对话,因为翻译活动指向的是由符号构成的语言世界。杨德宏(2009)指出,翻译的主体间性不仅表示作者、译者和读者之间的对话关系,而且表示翻译学科性质的主体间性、翻译方法论的主体间性以及译者对文本的理解的主体间性。

（3）翻译主体间性的内涵

我们需要明确的是,对主体间性的肯定不是对主体性的否定。主体间性是主体性在主体间的延伸,是社会性和个体性的结合体。所以,主体性必然离不开主体间性,离开主体间性的主体性是一种虚无。由此可见,应该从主体间性的角度进行翻译主体研究,否则就无法把握翻译主体性的内涵。翻译主体研究应该从理论上解决作者、译者与读者之间的主体间性关系以及各自的主体性表现。在翻译活动中,除了译者主体性外,还有作者和读者甚至包括出版者、赞助人等在内的复杂群体主体性的作用。译者要积极地与其他主体进行交往,保持平等、共生的对话关系,这样才能在真正意义上发挥主体性,进而产出具有生命力的译作。总而言之,主体间性是翻译主体性研究的重心所在。

# 第二节　翻译的文化转向

翻译研究中先有文化意识的存在,后有文化转向的产生。

## 一、翻译中文化意识的觉醒

翻译研究学派的学者不仅在其具体的翻译研究活动中展现了自身的文化态度,而且在应用其他理论进行翻译研究时也有着文化指向。

### （一）翻译学内部文化意识的觉醒

翻译学内部文化意识的觉醒主要体现在,翻译研究学派的学者所表现出来的文化视野建立在其具体的翻译研究之上。

### 1. 霍姆斯

翻译研究学派的创始人霍姆斯(Homles)对文化翻译研究也

有着卓越的贡献,尤其是诗歌翻译研究,其中体现了他的文化意识。霍姆斯在 1972 年发表的论文《博梅尔之桥的重建:可译性限度之阐释》中指出,诗歌译者所面临的问题包括语言层面、文学层面和社会文化层面。他进一步解释说,社会文化环境尽管能体现在语言之中,却与语言环境不同。

### 2. 玛丽·斯内尔-霍恩比

玛丽·斯内尔-霍恩比(Mary Snell-Hornby)认为,语言是文化的必要组成部分,译者不仅需要熟练掌握两种语言,还必须熟知两种语言的文化。后来,他转向梳理德国翻译学说,许多德国翻译学者对玛丽·斯内尔-霍恩比的思想产生了巨大的影响,其中影响最大的是弗美尔(Vermeer)。弗美尔认为,翻译绝不仅是语言的问题,而主要是一种跨文化的转换,译者对两种文化的了解自然包括了对两种语言的了解。基于此,玛丽·斯内尔-霍恩比在 1988 年明确提出,翻译是一种跨文化活动(a cross-cultural event)。霍姆斯虽然没有旗帜鲜明地倡导翻译学的"文化转向",但他也的确有功于此。

### 3. 苏姗·巴斯奈特

苏姗·巴斯奈特(Susan Bassnett)是日后翻译学文化转向的倡导者,然而她在翻译学早期就表现出了文化意识。苏姗·巴斯奈特在其 1980 年出版的专著《翻译学》中,将"译语文化中的翻译"(Translation in the TL culture)界定为翻译学四大领域之一,该研究领域将翻译置于广阔的文化语境中来考察。对于语言与文化、翻译与文化之间的关系,她将文化比作人的身体,将语言比作身体的心脏,心脏与身体之间的交互作用保持了人的生命力。

翻译研究学派初期霍姆斯、玛丽·斯内尔-霍恩比和巴斯奈特等学者在其翻译研究中对文化问题的关注,是对日后翻译学文化转向的一种预演。

（二）翻译学外部文化意识的启发

翻译研究学派以外的理论，启发了翻译学的文化转向。翻译文化意识的外部启发主要以下学者的研究为代表。

1. 伊文·佐哈

伊文·佐哈（Even-Zohar）的多元系统论是翻译研究学派的重要理论背景之一，以文学多元系统为探索对象。伊文·佐哈将文学多元系统置于文化这个大多元系统内进行研究，因此其多元系统论自诞生之日起就有明显的文化指向。随着时间的推移，多元系统论也演变为一种普通文化理论。由于翻译文学是伊文·佐哈重要的考察对象，因此多元系统论的文化指向自然而然地渗透到翻译学研究中来。

2. 图里

图里（Toury）承继了佐哈的思想，他在早期探索了文学翻译规范，并在多元系统论的基础上建立了翻译规范的理论模式，因此就自然沿袭了佐哈关注文化的传统。

3. 兰姆伯特

兰姆伯特（Lambert）将多元系统理论应用于翻译学研究，他与高蒲（Gorp）所制定的翻译描写方案就体现了多元系统理论的基础地位，因此展现出了明显的文化指向。

4. 勒弗维尔

勒弗维尔（Lefevere）也将多元系统理论应用于翻译学研究，他分析了译语文本在译语文学系统中的地位，并从这一角度来界定翻译的含义。

综上所述，伊文·佐哈的多元系统论的文化指向通过佐哈本人，以及接受多元系统论思想的图里、兰姆伯特、勒弗维尔等人进入了翻译学研究，从而启迪了翻译学的文化转向。

## 二、对翻译文化转向的理解

### (一)翻译文化转向的产生

在当代西方文化研究的滚滚浪潮之下,翻译研究学派具有越来越强烈的文化意识,并且多元系统理论在翻译学中不断强力渗透,翻译学文化转向就得以问世。

翻译学文化转向真正被大众认识并接受,是从巴斯奈特和勒弗维尔出版论文集——《翻译、历史与文化》开始的。该论文集包括许多个案研究,角度全面,对翻译学的"文化转向"给予了详细的论述。

就巴斯奈特和勒弗维尔两位创始人而言,其实是后者在学理上发展了翻译学文化转向,从而使得翻译学的文化转向走上了一个新的台阶。因为勒弗维尔的论文《西方翻译谱系考》对西方翻译活动的考察已广泛涉及"赞助人""诗学观""意识形态"等因素,由此为其日后全面提出"赞助人、诗学观、意识形态"学说埋下了伏笔。

### (二)翻译文化转向的内涵

对于翻译研究中的文化转向,应从以下三个层面出发来进行思考,只有这样才能全面地把握翻译研究"文化转向"的真正内涵。

#### 1. 宏观文化层面

翻译活动不是"凭空"发生的,总是发生在特定的社会文化背景之下。这种特定的社会文化背景具体包括:原文创作时的文化背景、翻译进行时的文化背景、译者自身所处的文化背景、译作被接受时的文化背景以及译文读者所处的文化背景等。翻译研究"文化转向"将翻译活动视为一种跨文化活动,把文本置于社会、文化、历史等翻译的宏观要素之中进行考察。

### 2. 中观文化层面

语言和文化之间存在复杂的、不可抹杀的关联。翻译既是双语转换的活动,也是两种文化转换的活动。翻译活动中的"中观文化"聚焦于语言。中观文化主要关注的是文本的内在特征,如文体、词法、句法、篇章等。在这一层面翻译的主要任务在于语言的转换和内容的再现。

### 3. 微观文化层面

翻译活动中的微观文化主要是指民族文化专有项,也就是民族文化中特有的成分,代表着人类各个民族显现出异彩纷呈的区别于其他民族的形态。文化专有项具体有以下几种表现形式。

第一,文化空缺。

第二,译入语中有接近的表达但其意义并不完全对等。

第三,看似不同的表达,却有等同的意义。

### (三)翻译文化转向的优势与弱势

就人文社会科学领域而言,20 世纪经历了从语言转向、解释转向、后现代转向,直至文化转向的过渡。翻译学的文化转向是在当代西方众多人文社会科学领域都经历文化转向的背景下发生的。

### 1. 优势

### (1)揭示了翻译的文化属性

这其中既有在概念层面上对翻译文化属性的界定,也有在实证层面上对翻译文化属性的剖析。

第一,概念层面。翻译用一种文化表现另一种文化,国际交往活动的增多以及全球化进程的加快,都得益于翻译,翻译帮助人们认识和消除文化差异,这一点似乎越来越清晰。译本是译语文化中的一种客观存在,人们可以借助译本认识自己。

第二,实证层面。翻译与文化之间的互动关系,得到了越来越多的研究的证明。翻译既受制于文化又依靠自身的力量反作用于文化。随着文化研究对翻译学影响的加深,翻译学的文化转向在其后的发展和衍化过程中越发显现出翻译的文化属性。

(2)构成了翻译学关键的外部研究

翻译与文学多元系统如此紧密地联系着,以至于翻译过程的外部制约因素成为翻译学研究的关注对象。多元系统论的倡导者伊文·佐哈将翻译作为一个子系统放到文学多元系统,乃至大的文化系统中来考察。图里倡导语境化翻译研究策略,勒弗维尔所考察的"赞助人""诗学观""意识形态"等都是对翻译活动产生影响的外部制约因素,这种外部研究在勒弗维尔的推动下成为翻译学文化转向后的一种主流研究模式。

翻译学的文化转向越来越意识到形式主义研究模式的局限性和劣根性,因此转而研究翻译功能,巴斯奈特和勒弗维尔的"重写""操纵"等学说就是最好的例证。重写意味着出于特定的意识形态和诗学观对翻译进行操纵,而操纵的目的是使翻译发挥特定的功能。其后的女性主义翻译研究和后殖民主义翻译研究更注重对翻译功能的考察。

2. 弱势

(1)对外部研究的夸大

翻译学的文化转向误将外部研究夸大为翻译学研究的全部,这相当于否认了翻译学内部研究的存在。翻译学的内部研究所涉及的范围仅仅是源语和译语文本及其相互联系,并且也重点关注了语际转换机制,这恰好是整个翻译学研究中最为核心、最为隐秘的一个问题,但是此类研究还非常肤浅,想要揭开语际转换机制的神秘面纱,需要与心理学、生命科学、医学(尤其是神经内科学)、物理学、计算机科学等其他学科相互协作。

(2)忽视翻译的语言属性

翻译之所以成为翻译,在于其以语言转换为基本手段,这也决定了翻译的语言属性。翻译学文化转向的研究也是分阶段进行的,有着鲜明的阶段性特征,在不同的阶段呈现出不同的重点和特色。在翻译学文化转向的酝酿阶段,翻译研究学者特别重视翻译语言属性。然而,当文化研究越来越强烈地制约着翻译学时,翻译学文化转向研究原来的重点关注对象已经沦落到次要地位,并且将研究目光重新聚焦于翻译的文化属性上。当翻译学文化转向研究进入衍化阶段,翻译的文化属性直接取代了翻译的语言属性。

# 第三节　文化翻译观

自从翻译中出现了文化转向以后,国内外一些学者纷纷提出了自己的文化翻译观。

## 一、西方文化翻译观

随着对翻译研究的推进,玛丽·斯内尔-霍恩比、巴斯奈特、勒弗维尔、韦努蒂等人都提出了自己的文化翻译观。

### (一)玛丽·斯内尔-霍恩比的文化翻译观

玛丽·斯内尔-霍恩比认为,语言属于文化的组成部分,文化是能力、认知、知识等的集合,与事件、行为等有着紧密的联系。特定文化中的语言是动态的,能够描述个体文化和整体文化的发展脉络。因此,基于语言与文化的关系,并立足于格式塔理论,玛丽·斯内尔-霍恩比强调翻译是跨文化转换而不是语际转换。源语文本中蕴含的文化能够在多大程度上用译语再现出来,取决于该源语文本对所属文化的依赖程度,以及源语文本与目的语读者之间的文化差距。

### （二）苏姗·巴斯奈特的文化翻译观

苏姗·巴斯奈特认为，在翻译中，即使语篇更容易被人接受，但是文化才是实质，因此翻译研究应该将翻译单位从语篇转向文化。她的文化翻译观体现在以下几个方面。

（1）她将翻译视为文化交流的行为，并认为翻译是为了满足文化的需要，因此翻译原则、翻译规范随着历史的变迁而改变。

（2）对于源语文化与本族文化差异，她认为译者应该保留这种文化差异，目的语读者也应该努力去适应这种差异，并将源语文化吸收为自身的文化。基于此，她认同直译或异化这种翻译策略。

（3）忠实的翻译就是译文与原文之间的求同存异。

### （三）勒弗维尔的文化翻译观

#### 1. 文化翻译三要素

勒弗维尔以文学翻译为参照、以比较文学为背景，论述了文学系统内部和外部包括"诗学观""赞助人""意识形态"等在内的文化因素对翻译活动的制约，由此形成的"赞助人、诗学观、意识形态"学说将翻译学"文化转向"理论提升到了一种新的高度。

（1）"诗学观"

"诗学观"是某一社会中有关文学应然的主导观念。勒弗维尔认为，一种诗学观由两种要素组成。

第一是论列性（inventory）的因素，其中包括文学技法、体裁、主旨、原型性的人物和场景、象征等。

第二是功能性（functional）的因素，即文学系统作为一个整体在社会系统中所承担的功能。

从诗学观对文学系统的影响的角度来看，功能性因素比论列性因素更加主动和直接，因为当一种文学系统形成后，其诗学观中的论列性因素就脱离了环境，而功能性因素不是这样。

（2）"赞助人"

"赞助人"是促进或阻止文学阅读、写作或重写的权利,代表这些权利的可以是人或机构。赞助人由以下三种要素组成。

第一,意识形态因素。它制约着（文学）形式和主题的选择与发展。

第二,经济因素。赞助人要使得那些作家或重写者可以生存下来。

第三,社会地位因素。作家或重写者对赞助的接受,意味着对某种群体生活方式的接受。

（3）"意识形态"

"意识形态"是有关社会应然的主导观念。它由观点和态度组成,在一定的历史时期内得到社会的普遍认可,是译者和读者研究文本的窗口。可见,意识形态规范着人类的行为,维系着社会的秩序,它来自社会文化系统,最后又归于社会文化系统。

### 2. 翻译是改写

译者改写源语文本的同时也是对源语文本的一种控制,可能会将现有的诗学与思想意识进行巩固,也可能对其进行破坏。改写有利于引进新的概念、方法与文学样式。所以,改写主要服务于权利。改写的积极作用在于推动文学的进步,进而推动社会的进步。然而,改写也能对改革进行压制,有时甚至是歪曲。

在勒弗维尔看来,既然翻译是一种改写,那么翻译研究不需要将译文与原文进行对比。这一观念是对"原著中心论"的质疑,是"译语为中心"观点的确定。

## 二、中国文化翻译观

国内也有学者提出了文化翻译观。杨仕章从三个方面对"文化翻译"进行了界定。

第一,文化翻译是一种翻译策略。文化翻译是为了迎合目的语文化,将源语各个层次中涵盖的文化因素转换成目的语,并加入某种文化信息。这里浅析文化转换与文化移入,文化转换能在一定程度上实现文化对等,而文化植入能获得一个透明文本,其可以反映出原文的文化特征。

第二,文化翻译是一种翻译内容。文化翻译是以语言为载体的微观变化。文化翻译中的原文语言涉及文化信息与意义,其是一种翻译特性。此处的文化翻译其实是文化传播。从广义上讲,文化翻译是一种跨文化交流,翻译是文化沟通手段,译者是两种文化之间的中介。此处的文化翻译即在跨文化层面进行转换、沟通和交流。

第三,文化翻译是翻译研究的一个领域,其是"文化翻译研究"的简称。

# 第三章　英汉语言对比

英语和汉语分别作为最多国家使用的官方语言和世界上使用人数最多的语言，占据世界语言交流的重要地位。英汉语言对比研究一直是诸多学者们关注的领域，自从有了语言研究，英汉语言对比研究就出现了。要进行英汉翻译，首先需要了解英汉语言之间的对比性特点。通过语言对比分析，可以更加深刻地认识中西语言异同，掌握两种语言的特点，减少翻译过程的盲目性。本章从语音、词汇、修辞、句法和语篇五个方面对英汉语言进行对比研究。

## 第一节　英汉语音对比

语言从形式上来说，分为口语和书面语。口语就涉及语音的问题。虽然语音都有共同的物理属性和生理属性，但是英语和汉语属于不同的语系，在语音上的特点差异巨大。

### 一、英汉语音结构对比

（一）英语语音结构

英语的语音结构由元音、辅音构成。

1. 元音

英语的元音系统比较简单，由12个单元音和8个双元音组成。

单元音为/ɑː//ɔː//əː//iː//uː//ʌ//ɒ//ə//ɪ//ʊ//e//æ/,双元音为/aɪ//ɪə//aʊ//əʊ//ɪc//eɪ//eə//ʊə/。

元音音色的差异由口腔的形状和大小所决定,其中决定元音基本性质的是舌高、舌位和唇形。英语的元音都是舌面音。英语的元音区分比较细,分布在各个不同的高度和前、中、后不同的部位。但是,除3个央元音外,其他元音有向央元音靠拢的倾向,也就是说,前元音并不太前,后元音不太后,高元音也并未高到极限位置,而低元音离极限位置也还有一定距离。英语的前元音中没有圆唇音,而后元音多为圆唇音。英语的元音有紧松的对立,因而也有长短的区别,/iː/—/ɪ/,/əː/—/ə/,/uː/—/u/,/ɔː/—/ɒ/,/ɑː/—/ʌ/就是五对长短相对的单元音。

复元音各成分的音强、音长和清晰度不同,其中一个元音发得响亮、清晰、滑移段较长,其余的成分发音弱、短而含糊。英语的8个复元音都是二合元音,而且都是前响二合元音,只有/ɪə/和/ʊə/弱读音节中才可读为后响音。

### 2. 辅音

英语有28个辅音,辅音具有强与弱、清与浊的区别。其中,清辅音有10个,即/p//t//k//f//s//θ//ʃ//tʃ//tr//ts/;浊辅音有10个,即/b//d//g//v//z//ð//ʒ//dʒ//dr//dz/;鼻音有3个,即/m//n//ŋ/;似拼音有3个,即/h//r//l/。介于元音和辅音之间的半元音有2个,即/w//j/。清阻塞音都是强音,浊阻塞音都是弱音。浊音性特征有时不起作用,因此强、弱特征是更稳定、更具有实质性的语音特征。

### (二)汉语语音结构

汉语的语音结构由韵母、声母构成。一个字音开头的音叫声母,一般是元音,声母后的部分叫韵母,一般由辅音充当。

### 1. 韵母

韵母有24个,又分单韵母、复韵母和鼻韵母,单韵母包括 ɑ、

o、e、i、u、ü,复韵母包括 ɑi、ei、ui、ɑo、ou、iu、ie、üe、er,鼻韵母包括
ɑn、en、in、un、ün、ɑng、eng、ing、ong。

### 2. 声母

声母有 23 个,包括 b、p、m、f、d、t、n、l、g、k、h、j、q、x、zh、ch、sh、r、z、c、s、y、w。在这些声母中,清辅音居多,浊音只有/z//m//n//l//ŋ/5 个,其中只有擦音/z/有个对立的清音/ş/。声母只能以送气与不送气为特征相互区别开来。

## 二、英汉轻重音对比

重音分为语法重音、逻辑重音和强调重音三种。

### (一)英语轻重音

英语被列为重音语言,轻重音在英语语音中发挥着最重要的作用。英语的重音不仅是语音结构的一部分,还能区分某些由相同音位构成的词语的意义与词性,而且还是语调和话语节奏结构的基础。

英语中的语法重音一般由词性决定,实词通常重读,虚词和功能词一般弱读。英语的轻音一是为了反衬重音,二是为了增加话语的流畅度,三是形成重音有规律交替的节奏。所以,英语中的轻音无关于语法。

### (二)汉语轻重音

汉语是典型的声调语言,轻重音在汉语语音中虽然没有在英语语音中那么重要,但是与语义、语法相联系。

语法重音一般由句子结构类型决定,带语法重音的成分,一般是语意较强的实词,在表达上,重音具有提示和突出某些语法成分的作用。

汉语的轻音与句法结构、语调相关。汉语的结构轻音在语音

上依附于其前面的词、句子的最后一个重音节,在语法上依附于词、句子之后。

## 三、英汉押韵对比

### (一)英语押韵

英语押韵无平仄要求,只注重语句中的重音和弱音之间的变换。英语由字母构成,因此在使用押韵时,通常会将音节作为韵。另外,英语押韵比较灵活随性,不像汉语要"一韵到底",英语可以在语句中适当切换韵脚。总体来讲,英语用韵并无太多要求。例如:

Twinkle,twinkle,little star!

Curious about you,

The cliff is in the air,

Like a little diamond.

And the bright sun disappears,

No longer lights anything,

Only your shimmer,

Blinking is all night.

上例选自著名的英语歌谣,Twinkle,twinkle,little star 的迭唱朗朗上口,且例子中主要运用的是尾韵,给人留下了深刻的印象。

### (二)汉语押韵

汉语涉及四个声调之间的起伏变化,因此在押韵时对平仄的要求较多。由于汉语语言是由文字构成的,因此在押韵时也是将汉字作为韵。另外,汉语用韵比较讲究,在押韵时需要通盘考虑句子的结构和意义。例如:

天街小雨润如酥,草色遥看近却无。

最是一年春好处,绝胜烟柳满皇都。

(韩愈《七绝·初春小雨》)

在本例中,第二句诗的"近"与第四句诗的"满"对应上,体现了诗歌的"活韵"效果,这是这首诗歌最大的特点,让读者领略到了初春时节小雨连绵的精致景象。

# 第二节　英汉词汇对比

词汇是语言的基本构成要素,英汉之间语言的差异明显反映在词汇中。

## 一、英汉词汇形式对比

### (一)英语词汇形式

英语属于屈折语言,英语词汇通过词的屈折变化来表示词义或者语法功能的变化,因此英语构词倾向于派生构词法,以至于英语中很多的词都是在词根的基础上增加前缀或者后缀衍生出来的。

英语名词按照其可数性可以分为可数名词与不可数名词,不可以作谓语。

英语句子必须有动词,动词是句子的核心,表达着不同的语法意义,因此动词会有人称、数、时态、语态、体态等变化。

英语形容词作名词的定语修饰语,可以放在名词的前面或后面,并且不需要连接词。

英语中介词众多,几乎所有的介词都可以和其他词语进行搭配使用,因此英语中拥有大量的介词短语,形式一般是"介词＋X"形式。另外,英语中有相当数量的动词短语,一般是双语素动词和三语素动词。

在词汇使用的倾向性方面，英语常常使用笼统的抽象名词，因此英语语言呈现一种"虚"的特点。

### (二)汉语词汇形式

汉语是一种非屈折语言，汉语的词一般是由一个语素构成的，属于孤立性的语言，因此更倾向于复合构词法。汉语中词缀的数量很少，而且加缀情况也并不固定，因此应用并不是很广泛。

汉语名词可以分为集体名词、抽象名词等，没有数的变化，但是可以充当谓语。

汉语动词不是造句的核心部分，动词不是汉语句子中必需的成分。

汉语形容词作名词的定语只能位于名词前面，并且需要连接词，如"的"等。

汉语词语一般有固定的格式，尤其是以三字格和四字格为主。例如，打水漂、励精图治、如影随形等。

与英语不同，汉语比较注重用具体的词语表达抽象的意义，因为抽象词语晦涩难懂，而具体的词语比较朴实、平易。

## 二、英汉词汇意义对比

英语词汇的意义对语境有很强的依赖性，同一个词汇在不同的语境中具有不同的意义，因此英语词汇的意义比较灵活。另外，有些词既可以指事物，也可以指代事物其中的一种；既可以代表抽象的事物，也可以代表具体的事物。

由于汉语的词是由单个语素构成的，因此汉语词义具有明显的语义繁衍能力。

词汇的意义包括指称意义、联想意义和文化意义，在此对英汉词汇的这三种意义进行对比。

### (一)指称意义对比

词汇的指称意义是词语在句子或文章中具体描述的对象或

者在词典里约定俗成的定义。英汉词语的指称意义不尽相同,有些可以完全对应,有些部分对应,有些则完全不对应。

1. 完全对应

英汉词语的指称意义有些是完全对应的,尤其是有些专用词汇、技术用语或者自然现象等,如表 3-1 所示。

表 3-1　英汉词语指称意义完全对等的情况示例

| 英 | 汉 |
| --- | --- |
| earthquake | 地震 |
| radar | 雷达 |
| microbiology | 微生物学 |
| New York | 纽约 |
| breakfast | 早餐 |

(资料来源:冒国安,2004)

2. 部分对应

英汉词语的意义可能有多种,其中可能仅有一种或者若干种词义是对应的,而另外若干词义是不同的,如表 3-2 所示。

表 3-2　英汉词语指称意义部分对应的情况示例

| 英语词义宽 | 汉语词义窄 |
| --- | --- |
| marry | 嫁;娶 |
| uncle | 叔叔;伯伯;姑父等 |
| 英语词义窄 | 汉语词义宽 |
| borrow;lend | 借 |
| organization;texture | 组织 |
| work;job | 工作 |

(资料来源:冒国安,2004)

## 3．完全不对应

有时候,有些英语词汇在汉语中没有等同的词汇,这就是完全不对应或者对应空缺,如表 3-3 所示。

表 3-3　英汉词语指称意义完全不对应的情况示例

| 英语 | 汉语空缺 |
| --- | --- |
| bikini | 比基尼 |
| chocolate | 巧克力 |
| salon | 沙龙 |
| Elizabeth | 伊丽莎白 |
| Trojan horse | 特洛伊木马 |
| Whorf | 沃尔夫 |
| hamburger | 汉堡包 |
| **汉语** | **英语空缺** |
| 气功 | Qigong |
| 风水 | Fengshui |
| 叩头 | Kowtow |
| 孔子 | Confucius |
| 丢脸 | to lose face |

(资料来源:冒国安,2004)

### (二)联想意义对比

词汇的联想意义不是词汇固有的意义,而是一种附加在理性意义之上的意义,可以随着语境或者文化的变化而变化。联想意义包括内涵意义、风格意义、情感意义、反映意义和搭配意义五种。

1. 内涵意义

词汇的内涵意义是指人们在字面意义的基础上通过联想获得的引申意义。由于文化和语境的区别,英语词汇和汉语词汇有时候在指称意义上相同,但是在内涵意义上会有差异,如表 3-4 所示。

表 3-4 英汉词语中指称意义和内涵意义不同的示例

| 词语 | 指称意义 | 汉语内涵意义 | 英语内涵意义 |
|---|---|---|---|
| old | 老 | 传统;守旧 | 成熟;经验丰富 |
| young | 年轻 | 无经验、无持久性 | 灵活;精力充沛 |
| individualism | 个人主义 | 以自我为中心的行为倾向 | 是西方的社会学说,主张个人价值和重要性 |

(资料来源:冒国安,2004)

2. 文体意义

文体意义也称作"风格意义"。词汇的文体特征在语言的应用中有着特殊的意义,通常会反映出信息传递的整体文体特征或风格。很多词汇除了具有概念意义还具有文体特征以适应各种不同的语境。可以应用于各种场合或者各种文体的词具有中性的文体意义,只适用特定的场合的词就有特定的文体意义。尤其是同义词,它们的文体意义往往有着很大的区别。在一些词典中词汇的文体特征常被明确标记为"正式(formal)""非正式(informal)""文学(literary)""俚语(slang)""方言(dialect)"等。以方言为例,不同种类的社会方言都有明显的文体意义。人们出于方便,通常只是把其划分为正式、中性和非正式三类。例如,在 charger,steed,horse,nag,plug 这几个词中,人们通常把 charger 和 steed 标记为正式,horse 被标记为普通或是中性,nag 和 plug 被标为非正式。又以科技术语为例,科技术语往往具有国际通用性,其文体意义通常是中性和正式的,用在科技文章中是适当的,但是不适合日常生活，所以不用 cerebral episode 来代替 stroke（中风），不用 carcinogenic 来代替 cancer-causing（致癌的），不用 palpate 来代替 feel（触摸）。

### 3. 情感意义

认知文体学家鲁文·楚尔（Reuven Tsur）指出，诗歌语篇不仅表达思想、传递意义，还让读者感知到某种情感品质。学界虽然对情感这一概念的理解有差别，但都认为情感会融入语言系统中。事实上，语言为人类情感的表达提供不可替代的途径，而情感表达的需要也促进语言表达途径的丰富。情感意义是指语言使用者表露在语言中的感情与态度。例如，take 作为动词，有7 个主要义项，各义项之下还有若干彼此相关的延伸特征，主词义指"用手拿、得到"，随着人类认识活动的增加，其词义不断丰富，进而引申出其他一些词义，如"所有权的变更""经济利益的变化""竞技比赛"等，这些词义都伴有说话人的情感因素，或褒或贬，或积极或消极。

### 4. 反映意义

反映意义指听话人在听到一个词时所联想到的这个词的其他词义。例如：

（1）Several houses were demolished to make way for the new road.

（2）Her article brilliantly demolishes his argument.

在例（1）中，demolish 是指"拆毁，拆除"，取的是概念意义或具体意义，而在例（2）中，是指"推翻"，取的是反映意义或抽象意义，从"拆毁，拆除"到"推翻"就是联想的结果。

### 5. 搭配意义

英国语言学家弗斯（Firth）最早提出"搭配"这一概念，他认为搭配是彼此间有着"相互期待"的共现语言项的联系，是以语义为基础的。利奇认为,搭配意义是由一个词语的各种联想意义通过搭配在语境中构成的,是同一语境下对可以出现的不同语言材料的联想。搭配意义属于每个词具有的特殊属性。词语的搭配大致可以分为以下几种情况。

第一,同一个词与不同的词搭配时,会产生不同的意义。例如,present 在 people present 中的意思是"到场的",而在 present situation 中是指"当前的"。

第二,英语中的有些词汇,大多数是同义词,虽然它们的概念意义相近,但是和不同的词语搭配在一起,就会产生不同的意思。例如,当 dead 表达"很、非常"的意思时,只能与 beat,boring,good,sad 等词连用。

第三,同一个词和不同的介词搭配。例如,都表示"到达"的意思,但是 arrive at 后只能接小地点,而 arrive in 后需要接大地点。

可见,怎样的搭配就会产生怎样的语义。

（三）文化意义对比

词汇是语言的重要组成部分,对词汇的理解不能脱离其所属的文化和社会语境。文化之间互相尊重、共同发展,应该是不同文化之间相处的正确之道。例如:

A. 原文:孔雀（象征着吉祥、美好）

　　译文:peacock（带有炫耀、骄傲的意义）

B. 原文:五羊摩托车

　　译文:Five Rams Motorcycle

在上面两个例子中,显然汉语中的"孔雀"和英语中的 peacock 的内涵意义是不对等的。"五羊摩托车"的产地是广州,之所以这样命名,是因为广州市又称作"五羊市",并且"五羊"本身还与一个美丽的传说有关。因为外国读者不了解这样一个文化语境,所以例中的译文必定会令外国读者费解。

# 第三节　英汉修辞对比

## 一、相同的修辞格

### （一）onomatopoeia 与拟声

英汉语言中的拟声几乎完全相同，都是对事物发出声响的模仿，从而使语言更加生动。例如：

Whee-ee-ee! 呜呜呜

Ta-ta-ta 嗒嗒嗒

### （二）personification 与拟人

英汉语言中的拟人修辞格完全一样，即将非人事物用人来替代与描写，使得该事物具有人的属性。

The wind whistled through the trees.

风呼啸着穿过山林。

### （三）hyperbole 与夸张

夸张是基于现实，对某些事物的特征进行艺术上的扩大或缩小，目的在于强调。例如：

Charlie was scared to death.

查理吓得要死。

### （四）irony 与反语

英汉语言中的反语修辞具有相同的特点，即说反话，将意义从相反的层面来进行表达，往往包含讽刺的韵味，有时也是一种幽默，目的在于增强语言的力量。例如：

But my father were that good in his hat that he couldn't bear to be without us.

爸爸偏偏又不是心肠那么好，没有了我们娘儿俩就活不了。

（五）antithesis 与对偶

所谓对偶，指的是字数、结构等密切相关或者呈现对比排列的词、句子等。就形式上说，对偶是一种节奏感非常强烈、音节整齐的形式。就内容来说，对偶具有较强的概括性。例如：

It is easy to be wise after the event, but much safer to take care before it happens.

事后聪明容易，事前小心安全。

## 二、部分相似的修辞格

英语中 simile 与汉语中的明喻基本相同，都代表的是主体与喻体之间的相似关系。但是，并不是所有的 simile 都能够与汉语明喻进行对应，有时候需要进行转换、借译等，从而与汉语的表达习惯相符合。例如：

I wandered lonely as a cloud.

我如浮云独自漫游。（两者对应）

as drunk as a mouse 烂醉如泥（意译）

英语中的 metaphor 不仅有汉语隐喻的特点，还有借喻与拟物的特点。例如：

She is shedding crocodile tears.

她在掉鳄鱼眼泪。（汉语借喻）

由此可见，metaphor 与汉语中的比喻只有部分重合。

## 三、完全不同的修辞格

英语中的 alliteration 与 assonance 在汉语中找不到对应，但是其与汉语双声、叠韵等有着相似的地方。但是显然,汉语双声、叠韵并不属于修辞格。

英语中的 oxymoron(矛盾)在汉语中也找不到对应,汉语中的反语修辞格也仅仅与之相似。

英语中的 transferred epithet(转类)在汉语中也找不到对应,汉语中有类似的表达,但并不视为一种修辞格。

# 第四节　英汉句法对比

## 一、英汉句子结构对比

英语和汉语属于不同的语系(前者属印欧语系,后者属汉藏语系),因而句子结构存在很大的差异。

(一)主谓关系

英语句子是语法结构,英语句子的概念是施事行为式的,可以看作主—谓—宾(S—V—O)三分结构。英语句子的主语是语法主语或者是施事或者是受事,句子的谓语是行为,主语要与谓语在人称和数方面保持一致。英语的主语种类是有限的。潘文国在《汉英语对比纲要》中把英语的主语按语义划分为四种:施事主语、受事主语、形式主语、主题主语。英语的主语大多数是无定的,也就是非限定性的,往往只是占据一个位置使句子完整。为了完成英语句子的主谓一致关系,一般遵循以下三个原则。

(1)语法一致原则,即根据自身的语法形式(人称形式和数形式)来决定谓语动词的人称形式和数形式。例如:

I am/You are/He is/She is a Chinese citizen.

We are/You are/They are Chinese citizens.

(2)概念一致原则,即根据自身的数量概念来决定谓语动词的数形式。例如:

The beautiful exists in comparison with the ugly. （单数概念、单数动词）

Women are the fundamental driving force for social progress. （复数概念、复数动词）

（3）相邻一致原则，即根据与谓语动词相邻的代词/名词的形式/概念决定谓语动词的形式。究其实质，相邻一致原则实际上是语法一致原则和概念一致原则的特殊运用。例如：

Either you or he is in the wrong.

Neither the mayor nor the police know how to help.

汉语句子是语义结构，汉语句子的概念基本上是话题评论式的，可以看成话题和说明（TC）二分结构。它先提出一个话题（topic），接着是评论（comment）或解说（explanation）。话题是语义的，和后面的评论不存在一致关系。话题是说话人想要说明的对象，是句子的主体，是全句起主导作用的成分，总是放在句子的开头处。评论部分是述说话题的成分，位于话题之后，对话题进行说明、解释。汉语话题的种类是无限的，任何词、词组和句子都可以是话题。汉语的话题是有限定的，是谈话双方都知道的，是说明的中心。例如：

北京是座古城。

（北京是话题，古城是说明）

场面令人难忘。

（场面是话题，令人难忘是说明）

开汽车没有方向盘不行。

（开汽车是话题，没有方向盘不行是对话题的说明）

## （二）成分省略

英语句子中的主谓结构必须齐全，缺了主语或谓语就是病句。主语不可省略，主要原因在于其对谓语动词的人称形式和数形式起决定作用。当主语因修辞原因而移位时，在谓语动词的前面甚至要使用形式主语来补足空位。例如：

It is never too late to learn.

但是,在祈使句及口语、私人信件、便条、日记等非正式文体中,如果主语非常清楚,也可以省略,谓语动词仍与之保持一致关系。例如:

(I) Haven't the slightest idea.

汉语的话题和后面的评论不存在一致关系,主语的句法地位并不十分重要,因而省略的情况远比英语普遍。汉语造句重简洁,能省的决不重复。当然,汉语句子的省略也并非随心所欲,须以不影响语义表达为前提。一般来说,主语只有在以下两种情况中才能省略:一是不很确定,没有实际的信息价值;二是众所周知,无须提及。例如:

(我)看一眼路旁的绿叶,再看一眼海,真的。(我)这才明白了什么叫作"春深似海。"

(他)走就走吧,随他的便。

(三)倒装

由上述可知,英语句子主谓之间的一致性就是通过谓语动词的语法形式体现出来的,谓语动词的语法形式是一条标记主谓一致性关系的鲜明纽带,只要找到这条纽带,就可以确定主语的位置。这种句法特点为英语句子中一定范围的主谓倒装创造了条件,使英语句子主谓间的句法性倒装和修辞性倒装非常普遍。例如:

There comes the bus.(句法性倒装)

Is the man still alive? (句法性倒装)

Up goes the curtain and in comes a small lady. (修辞性倒装)

Their cat understands more words than does a dog. (修辞性倒装)

汉语句子的话题和评论之间不存在一致性关系,因此没有这种鲜明的标记。当主语和谓语动词错位,两者之间的句法关系就可能被破坏,这就使得汉语句子的主谓倒装受到制约,汉语中的倒装现象远不及英语普遍。少量的倒装现象仅见于表存现的句法倒装句和表强调的修辞倒装句,以及诗词中受韵律限制引起的倒装。例如:

从树后走出一只熊来。(表存现的句法倒装)

真伟大啊,中国人民!(表强调的修辞倒装)

竹喧归浣女,莲动下渔舟。

### (四)扩展机制

所谓的扩展机制是指随着思维的改变,句子基本结构也呈现线性延伸,因此又可以称为"扩展延伸"。

#### 1. 扩展机制的差异

如果从线性延伸的角度考虑,英汉采用不同的延伸方式,英语采用顺线性扩展延伸机制,而汉语采用逆线性扩展延伸机制。

顺线性扩展延伸,是从左到右的扩展,即 LR(L 代表 left,R 代表 right)扩展机制。英语句子的延伸,其句尾是开放性的。例如:

Steven has a dog.

Steven has a dog which looks like the cat.

Steven has a dog which looks like the cat that stayed on the tree.

逆线性扩展延伸,是从右到左的扩展,即 RL 扩展。汉语句子的延伸,其句首是开放的,句尾是收缩的。例如:

以上三句话用汉语语序表达为:

斯蒂文有一条狗。

斯蒂文有一条长得像猫的狗。

斯蒂文有一条长得像待在那棵树上的猫的狗。

#### 2. 扩展机制的结果

英汉句子扩展机制的差异还体现在末端分量的差异上。英语句子向右扩展,使得词、短语、从句都可以置于被修饰语之后,

因此英语句子左短右长,句末的分量较重。例如:

Inscribed on the wall are the names of those who left their homes in the village to travel to the United States.

那些离开村子里的家、去美国旅行的人们的名字被刻在了墙上。

当主语属于较长的动名词、名词性从句、不定式等成分时,一般将这些长句的主语位于句子后半部分,主语用 it 来替换。例如:

It is very easy for me to pass the wooden bridge.

对于我来说,通过那个独木桥是非常容易的。

汉语句子向左扩展,通常将修饰语放在名词前面,看起来头重脚轻。例如:

任何看上去是中国的东西都可作为好礼物送给外国朋友。

Anything that is recognizably Chinese will make good gifts to our foreign friends.

### (五)被动语态

无论是在汉语中还是英语中,随着语言的发展,人们对事物描述的精确度的要求越来越高,主动句式已经不能满足人们多样化表达的需要,这时产生了被动句。被动句是在主动句的基础上产生的,是主动句发展变化的产物,也是人类思维发展的要求。

夸克(Quark)曾经指出,语态作为语法范畴,使我们从两种角度中的任何一种来看句子的动作时,所说的事实都不变。在英语中虽然主动句的使用频率要比被动句的使用频率高,但大多数的主动句都有对应的被动形式,所以英语中存在着大量的被动句。汉语是一种孤立语,汉语词汇没有曲折变化,因此汉语中没有主动语态与被动语态,只有主动句和被动句,但是并不是所有的主动句都能转换成被动句,也不是所有的被动句都能转换成主动句。因此,英语被动句的使用数量比现代汉语被动句的使用数量多得多,原因主要在于汉语被动句在结构上和语义倾向上受到一定的限制。

1. 被动标志

英语的被动语态往往依赖于动词形态的改变，也就是通过"be+P. P"展现出来的。但这并不意味着英语的被动句就一定要有标志，有些英语句子隐藏着被动意义。例如：

(1) They are praised by their mother.

他们被妈妈表扬了。

(2) The flower looks very beautiful.

这朵花看起来很漂亮。

在例(1)中，被动语态是通过 are praised by 表现出来的。然而，例(2)没有被动形式，而是用主动形式表示被动意义，不过这种情况的动词数量非常少。英语的被动句产生后就成了被动意义的主要表达形式，被动句形式上的优势排挤了那些用主动形式表示被动意义的主动句。

现代汉语被动句的情况与英语完全不同。汉语被动语态的表达一部分依赖于被动句的标志性词语，如"被""让""叫""给"等字，一部分还依赖于句子的意义，两种被动句的数量都不占少数。例如：

(1) 我被小王打了。

(2) 那封信已经邮走了。

例(1)和例(2)都是表示被动意义，但是例(1)有被动标志"被"，例(2)没有被动标志，是靠意义进行判断。显然，例(2)中的主语"信"是无生命的事物，不能作为动作的施动者，而只能是受动者，这个句子中形式上是主动的，但是仍然表达的是被动意义。汉语句子通常使用主动的表达形式，但是当不使用被动表达形式，读者会费解时，才使用被动句来表达。还有一种特殊情况，就是当说话的人要表达不愿意、不如意等消极语义时，也要采用被动的表达形式。例如：

我被小王打了。

本例采用被动表达形式，是因为"我"希望获得别人的同情和支持。

## 2. 主语地位

英语和汉语里的某些有标志的被动句可以互相转换,但有些有标志的英汉被动句却不可以转换,这是因为主语地位在英汉被动语态中存在差异。

英语主动语态与被动语态的转换如图 3-1 所示。

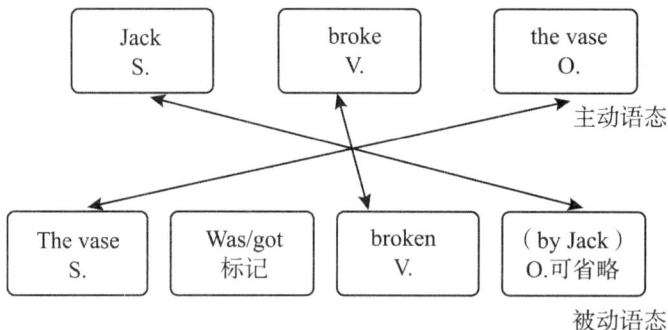

**图 3-1　英语主动语态与被动语态的转换**

(资料来源:尹伯鑫,2017)

可见,英语被动句主要就是强调主语,英语被动语态中的宾语是可以省略的。

汉语主动语态和被动语态的转换如图 3-2 所示。

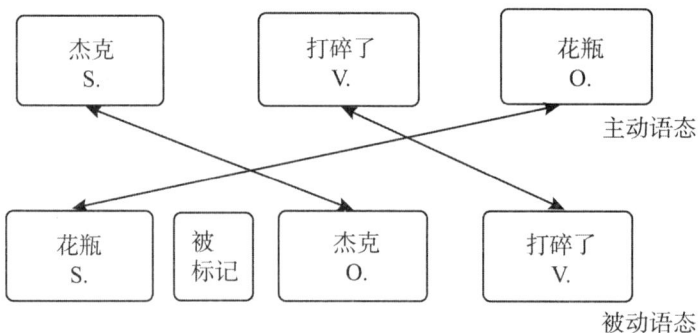

**图 3-2　汉语主动语态和被动语态的转换**

(资料来源:尹伯鑫,2017)

由上图可知,汉语被动句中主语地位没有英语被动句中主语地位那么重要。恰恰相反,"被"字后面的人物却处于重要地位。

## 二、英汉句子组织手段对比

形合(hypotaxis)和意合(parataxis)是王力先生在《中国语法理论》一书中提出的两个概念,是语言的两种基本组织手段。形合就是依仗形式(包括词的变化形态、词汇的衔接等)将个体的词组织成句子或语篇;意合则是依仗意义,即内在的逻辑关系,将个体的词组织成句子或语篇。

英语是综合—分析型语言,尽管它有相对固定的语序,并且还可以利用许多虚词来表达一定的语法关系,但它仍然受到语法形式的束缚,仍需运用形态变化来表达某些语法意义和语法关系。英语注重形合。因此,英语中有丰富的连接手段,如关系词、连接词、介词以及形态变化。关系词包括关系代词、关系副词、连接代词和连接副词,用来引导定语从句和名词性从句。连接词包括并列连词和从属连词,可连接并列分句或引导状语从句。例如:

If I had known it would come to this, I would have acted differently.

早知今日,何必当初。

本例为连接词 if 引导的虚拟条件句,表示与过去事实相反,这是一个典型的重形合的英语句子,形合是明示。本例翻译成汉语后就省略了连接词,可见汉语重意合,意合是隐含。

汉语是典型的分析型语言,它主要通过固定的语序来表达语法关系,通过大量的虚词来表达语法意义。除人称代词等极少数语言项目以外,它没有严格意义上的语法形态变化,更没有形态之间的照应关系。汉语注重意合。汉语的意合通常通过语序、修辞格、紧缩和四字格等手段实现。

不听老人言,吃亏在眼前。

If you wish good advice,consult an old man.

本例原文的含义"不听老人言,吃亏在眼前",省略了连接词"如果",而将假设关系隐含在句中。译成英语时用连词 if 就把假设关系展现出来了,从这一例句也可以看出英语重形合而汉语重意合的句子特点。

## 三、英汉句子语序对比

英语习惯将重要信息放在句首的位置,这就是所谓的"突显顺序",表现为一般重心在前。汉语一般按照事件的自然顺序来安排句子的信息,所以汉语以自然时序为主,表现为重心在后。

有这样一个传说,清朝,湘军头领曾国藩围剿太平军的时候,接连失败,甚至有一次差点丢了性命。于是,他向朝廷报告战事时说:"屡战屡败",翻译成英语即"He was repeatedly defeated though he fought over and over again."但是他的军师看到了这一点,立即将其改为"屡败屡战",即"He fought over and over again though he was repeatedly defeated."

从字面看,这两句话中用了同样的词,只是更改了语序,但是含义却大相径庭。"屡战屡败"说明曾国藩一直失败,丧失信心,只能如实向朝廷奏报,甘愿领罚;而"屡败屡战"则说明曾国藩是一个效忠朝廷、忠肝义胆的汉子,虽然遭受了多次失败,但是仍不气馁,应该受到朝廷的褒奖。显然,从汉语层面来说,前一句的重心在于"败",后一句的中心在于"战"。而且,正是由于军师的巧妙更改,不仅保全了曾国藩的面子,也救了他的命。因此,在翻译成英语时,也需要注意重心的问题,即"屡战屡败"重心在于 he was defeated,而"屡败屡战"的重心在于 he fought。这个例子说明了英汉语言重心位置的不同。具体来说,英汉句子重心的差异主要体现在如下三点。

(一)原因和结果

在英语句子中,人们往往将结果视作句子的主要信息、主要部分,因此置于句首,然后再对原因进行分述,是一种前重后轻的思维方式。相比之下,在汉语句子中恰好相反,人们往往先陈述具体的原因,结尾部分才陈述结果,是一种前轻后重的思维方式。如同中国的戏剧,总是用最精彩的部分压轴,似乎在中国人看来,如果开头就说出或演出精彩的部分,那么就会锋芒毕露,压不住阵脚。

We work ourselves into ecstasy over the two superpowers' treaty limiting the number of anti-ballistic missile systems that they may retain and their agreement on limitations on strategic offensive weapons.

两个超级大国签署了限制它们可保留的反弹道导弹系统的数目的条约,并达成了限制进攻性战略武器的协议,因此我们感到欣喜若狂。

显然,原句中的 We work ourselves into ecstasy 是整个句子的结果,原因是 the two superpowers'……。从结构上,英语原文将结果置于句首,然后陈述原因。而看汉语译文,将"我们感到欣喜若狂"这一结果置于最后,而前面是对原因的陈述。再如:

生活中既有悲剧,文学作品就可以写悲剧。

Tragedies can be written in literature since there is tragedy in life.

显然从汉语原句分析,前半句为因,后半句为果,我们不能将两个半句对调过来。而英语句子中要想将两个半句连接起来,必须借助于连词,因此 since 的出现就是满足了这一效果,即将结果置于前端,然后用 since 引出原因。

（二）分析与结论

英语中常见复合句,在这些复合句中,往往将结论置于前面,分析置于后面,即先开门见山,陈述实质性的东西,然后逐条进行分析。在汉语中则非如此,往往先逐条分析,摆出事实依据,然后得出最终的结果,给人以"一锤定音"之感。例如:

（1）The solution to the problem of Southern Africa cannot remain forever hostage of the political maneuvers and tactical delays by South Africa nor to its transparent proposals aimed at procrastination and the postponement of the solution.

译文1：南部非洲问题的解决不能永远成为南非要政治花招和策略上采取拖延手段的抵押品，也不能永远成为提出明显是在拖延问题解决的抵押品。

译文2：不管是南非要政治花招与策略上采取拖延手段，还是提出明显是在拖延问题解决的建议，都不能永远地阻止南部非洲问题的解决。

（2）揭穿这种老八股、老教条的丑态，展示给人们看，号召人们反对老八股、老教条，这是五四运动时期的一个伟大功绩。

译文1：Its public exposure of ugliness of old stereotype and the old dogma and its call to the people to rise against them were a tremendous achievement of the May 4th Movement.

译文2：A tremendous achievement of the May 4th Movement was its public exposure of the ugliness of old stereotype and the old dogma and its call to the people to rise against them.

英语属于形合连接，因此在短语、句子中都会有连词来进行连接，句中存在明显的主从关系，也可以从一般句子结构中看出修饰关系。例（1）属于一个长句，其中 The solution to … forever hostage 属于整个句子的主要成分，之后用介词 to 引出两个次要成分，对上面的主要成分进行解释，这样保证了整个结构的清晰。但是，如果按照英语句子模式翻译汉语，就会让目的语读者读起来拗口。显然译文1读起来就让人费解。原文的意思是，采取政治花招也好，采取拖延手段也好，都不能阻挡解决南部非洲问题。The solution to … forever hostage 表明了一种决心，一种愿景，因此汉语应该采用倒译法，译文2就是比较好的翻译。

另外，汉语属于意合连接，因此在短语、句子中往往可以不出现连接词。汉语中非常复杂的复句并不多见，往往以单句的形式呈现,句子间的关系通过逻辑可以判定。例如,在例(2)中,"揭穿这种老八股、老教条的丑态,展示给人们看"与"号召人们反对老八股、老教条"是两个并列成分,中间并没有采用连接词来连接,其意思与最后半句"一个伟大功绩"这一独立分句的意思等同。这在汉语中属于一种常见现象,先摆出具体的论据,最后得出结论。但是,如果这样翻译成英语就很难让读者理解了,译文 1 就显得头重脚轻,这在英语中是要避讳的。相比之下,译文 2 就显得更符合英语的语言习惯,是比较好的译文。

### (三)前提与假设

在英语复合句中,假设置于前提之前,作为主句出现;但是相比之下,汉语复合句中,一般前提置于假设之前。例如:

(1) The United States could be effective in both the tasks outlined by the President—that is, of ending hostilities as well as of making a contribution to a permanent peace in the Middle East—if we conducted ourselves so that we could remain in permanent contact with all of these elements in the equation.

如果我们采取行动,便于能够继续与中东问题各方保持接触,那么我们美国就能有效地承担起总统提出的两项任务,即在中东结束敌对行动与为这一地区的永久和平做出贡献。

(2)小国人民敢于起来斗争,敢于拿起武器,掌握自己国家的命运,就一定能够战胜大国侵略。

The people of a small country can certainly defeat aggression by a big country, if only they dare to rise in struggle, dare to take up arms and grasp in their own hands the destiny of their own country.

在表达假设上,英语句子往往比较灵活,但是重心是不会发生改变的,始终置于主句之上。在例(1)中 The United States could be effective in both the tasks 是一个假设,充当了整个句子的主句,因此处于重心的地位,后面的是对这一假设的解析,属于条件句。因此,英语句子是前重心句子。相比之下,在表达假设上,汉语句子的语序往往比较固定,如例(1)中按照汉语句子的特点,译文先将条件列出来,再摆出假设条件;例(2)按照英文句子的特点,译文先将假设列出来,然后对前提条件进行列举。

# 第五节　英汉语篇对比

篇章是指任何不完全受句子语法约束的在一定语境下表示完整语义的自然语言。篇章可以是书面的,也可以是口头的;可以较长,也可以很短。而介于句子和完整语篇之间的单位一般称为句段,它仅仅是篇章的局部。篇章可以包含句段,而句段却不能替代篇章。

篇章研究是对句子层面研究的深入和发展,是语言研究的一次革命,使语言研究与社会文化、认知心理、文体风格等相结合,走向横向发展和联合的宽广之路。篇章与句子之间的关系是辩证的,如果过分强调篇章整体,其分析有失空泛;如果将视点局限于句子,又犯了原子主义的错误,应该既看到树木所构成的森林,又看到构成森林的树木。

## 一、衔接

韩礼德和哈桑(Halliday and Hasan)认为,语篇与非语篇的根本区别在于是否具有语篇性,而语篇性是由衔接关系形成的,因此衔接问题是篇章研究的重点。衔接是存在篇章内部的,能使全文成为语篇的各种意义关系。

衔接主要分为显性衔接和隐性衔接。英语重形合,因此英语语篇的衔接手段主要是显性衔接,即通过语法、词汇和语义等形态标记使句子衔接成语篇。汉语重意合,因此汉语语篇的衔接手段主要是隐性衔接,即依靠逻辑关系构成语篇。由于两种语言之间的相互影响,汉语和英语的篇章组织既有显性衔接,也不乏隐性衔接。但是,总体来讲,英语语篇以形驭义,汉语语篇以意驭形。例如:

(1)I spent most of the day in a mental fog,wandering aimlessly through crowds of laughing,happy people. Then,late in the afternoon,my vision suddenly focused,and for the first time a scene registered.

(George H. Brooks:*A Gift of Dream*)

(2)This is the Resurrection time. That which was dead,or so it seemed,has come to life again—the stiff branch,supple;the brown earth,green. This is the miracle:there is no death;there is in truth eternal life.

(James J. Kilpartrick:*Spring*)

(3)那两个人都板着脸一声不吭像是十分阴险。而且,车里的灯很暗,有一种我很陌生的杀气腾腾之感。

(张抗抗《恐惧的平衡》)

(4)我不明白为什么。我倒真是越来越依恋他。每逢他经过我们的村子,我都会送他好远。我站在土坎坎上,看着他的背影,渐渐地消逝在山坳坳里。

(张洁《拣麦穗》)

在上述例子中,例(1)中的 Then 和例(3)中的"而且"就是形合衔接的标记。同样,在汉语和英语中,意合的隐性方式也不少见,例(2)和例(4)没有使用任何关联词语,但通过语义逻辑关系表达了完整而连贯的意义。

## 二、语篇组织模式

英语语篇组织模式为亚里士多德的直线型,东方人的语篇组织模式是螺旋型。英语和汉语的语篇组织模式如图 3-3 所示。

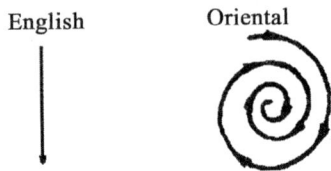

**图 3-3　英语和汉语的语篇组织模式**

（资料来源：郭富强，2006）

## （一）英语语篇组织模式

英语语篇组织模式为亚里士多德的直线型，以有秩序的顺序向前推进，先陈述中心意思，然后分点说明。许力生和李广才的语料统计显示，英语语料中的段落大部分是直线发展的，非直线发展的段落占据的比例很小，大概是 15％。这些语篇中的段落大部分是采用直线型模式，采用非直线型模式的段落占比很小。例如：

The world is probably about evenly divided between delayers and do-it-nowers. There are those who prepare their income taxes in February, prepay mortgages and serve precisely planned dinners at an ungodly 6：30 p. m. The other half dine happily on leftovers at 9 or 10, misplace bills and file for an extension of the income tax deadline. They seldom pay credit-card bills until the apocalyptic voice of Diners threatens doom from Denver. They postpone, as Faustian encounters, visits to barbershop, dentist or doctor.

(Michael Demarest：*The Fine Art of Putting Things Off*)

## （二）汉语语篇组织模式

东方人的语篇组织模式是螺旋型。螺旋型结构是汉语语段典型的逻辑序列，以一种循环往复的方式向前推进。这在"八股文"中体现得最为典型："破题"宣示主题的重要性，"承题""起讲""入手"从不同方面展开主题，"起股""中股"对主题进一步展开，

"后股"和"束股"对主题反复论述。

值得注意的是,由于受印欧语的影响,现代汉语的篇章组织变得更为复杂,有的以直线模式为主,有的以螺旋模式为主,也有的是两种模式交叉进行,很难给出一刀两断的结论。例如:

我在这个土坛上低徊漫步,想起了许许多多的事情。我们未必"前不见古人,后不见来者",凭着思想和激情的羽翼,我们尽可能去会一会古人,见一见来者。我曾经上溯历史的河流,看见了古代的诗人、农民、思想家、志士,看他们的举动,听他们的声音,然后又穿过历史的隧洞,回到阳光灿烂的现实。啊,做一个历史悠久的民族的子孙是多么值得自豪的一回事! 做今天的一个中国的儿女是多么值得快慰的一回事! 回溯过去,瞻望未来,你会觉得很激动,很想深深呼吸一口新鲜的空气,想好好地学习和劳动,好好地安排在无穷的时间之中一个人仅有一次,而我们又恰恰生逢其时的宝贵的生命。啊,这座发人深思的社稷坛。

（秦牧《社稷坛抒情》）

在本例中,"啊,做一个历史悠久的民族的子孙是多么值得自豪的一回事"这一主题在语段的中间,前后两边的句子都是为中间的主题服务,既不是螺旋型,也不是直线型,而是文中展开型模式。

# 第四章　英汉文化对比

翻译是语言和文化的转换活动。要想译出质量上乘的作品，就要了解英汉两种语言和文化，因此进行英汉语言和文化对比就变得十分必要了。前面一章进行了英汉语言的对比，本章接着对英汉文化进行对比。本章从思维模式、价值观念和社交观念三个维度来对比英汉文化。

## 第一节　英汉思维模式对比

所谓思维模式，就是思维主体在实践活动基础上借助于思维形式认识对象本质的思路。思维模式是人们大脑活动的内在程式，受到文化的影响。

### 一、分析性与整体性

（一）西方的分析性思维

对事物的分析既包括原因和结果的分析，又包括事物之间相互联系的分析。17世纪以后，西方分析事物的角度主要是因果关系。恩格斯特别强调了认识自然界的条件和前提，他认为只有把自然界进行结构的分解，使其更加细化，然后对各种各样的解剖形态进行研究，才能深刻地认识自然界。西方人的分析性思维就从这里开始萌芽，这种思维方式将世界上的人与自然、主体与客体、精神与物质、思维与存在等事物放在相反的位置，以彰显二者之间的差异。

分析性思维还具有两个鲜明的特征。分析性思维，说得简单点，就是分开探析的思维，这就必定要把一个整体的事物分解为各个不同的要素，使这些要素相互独立、相互分开，然后对各个不同的独立的要素进行本质属性的探索，从而为解释整体事物及各个要素之间的因果关系提供依据。其次是以完整而非孤立、变化而非静止、相对而非绝对的辩证观点去分析复杂的世界。马克思主义哲学大力提倡这种思维层次。

## （二）中国的整体性思维

在最早的生成阶段，宇宙呈现出阴阳混合、天地未分的混沌状态，即太极。太极动而生阳，静而生阴，在动静交替中产生出阴、阳来。阴阳相互对立、相互转化。事物总是在阴阳交替变化的过程之中求得生存、发展。从哲学的角度来看，阴和阳之间的关系是从对立走向对立统一的。这就体现了中国传统哲学的整体性特点，它不注重对事物的分类，而是更加重视整体之间的联系。

春秋战国时期，儒家和道家两大文化派别的思想都表现出了整体性思维模式，只是二者表现的角度有所不同。在这两种文化派别的思想中，人与自然、个体与社会就是一个大的整体，二者是不能被强行分开的，必须相互协调地发展。儒家所大力提倡的中庸思想就发源于阴阳互依互存的整体思维。

包罗万象的大宇宙也是一个大的整体，其中的各种事物看似相互独立，实则相互联系，但是也不失去本身固有的特性与发展规律。中国人总是习惯于首先从大的宏观角度初步了解、判断事物，而不习惯于从微观角度来把握事物的属性，因而得出的结论既不确定又无法验证。由此中国人逐渐养成了对任何事物不下极端结论的态度，只是采取非常折中、含糊不清的表达方式，在表述意见时较少使用直接外显的逻辑关系表征词。总之，中国人善于发现事物的对立,并从对立中把握统一,从统一中把握对立,求得整体的动态平衡。

## 二、逻辑性与直觉性

逻辑是推论的,直觉是体会出来的。

### (一)西方的逻辑性思维

古希腊哲学家亚里士多德开创了形式逻辑,创立了演绎推理的三段论以及整个形式逻辑体系,使逻辑性成了西方思维方式的一大特征。西方人的逻辑思维是一种理性的思维,重视分析、实证,通过辩论、论证来认识和理解事物。

西方中世纪时期,人们依然主要运用形式逻辑的模式。

15 世纪下半叶,自然科学方面的成果非常丰富,这对形式分析思维模式是一种明确的推动力量。17 世纪,归纳逻辑问世,它是由英国哲学家培根首先建立起来的,对形式逻辑的内容是一种补充、一种延伸。19 世纪,培根的归纳逻辑得到了进一步的充实,即英国逻辑学家穆勒发明了探求因果联系的五种归纳方法。可见,归纳法与演绎法珠联璧合,基本塑造了形式逻辑的大体轮廓。

另外,数理逻辑这门科学也在这一时期诞生,这主要是得益于笛卡尔、莱布尼茨等科学家在处理逻辑问题的过程中对数学方法的大量运用。数理逻辑称作"符号逻辑",它将思维转变为符号进行研究,最后用人工符号揭示逻辑规律。

18 世纪末至 19 世纪初,唯心主义的辩证逻辑体系从黑格尔那里悄悄地产生了,后来马克思恩格斯以唯物主义进一步对辩证逻辑进行了修正。

至此,西方已有了形式逻辑、数理逻辑、辩证逻辑等基本逻辑工具。西方逻辑思维的发展导致思维的公理化、形式化和符号化。

### （二）中国的直觉性思维

中国传统思维特别注重直觉,强调体验、灵感和领悟的作用。因此,中国人通常借助直觉体验从总体上模糊地把握事物的本质。直觉思维不经过严密的逻辑程序,省去许多中间环节,直接而快速地获得一个总体的印象。这是一种超越感性和理性的内心直觉方法。但是,通过直觉思维所获得的结论往往偶然性较多,准确性较差。但如果直觉思维以逻辑思维为前提,并与逻辑思维相结合,就可能发挥其创造性。直觉思维对中国哲学、文学、艺术、美学、医学等的影响尤为深远。

直觉思维方式使中国人对事物的认识只满足于描述现象和总结经验,而不追求将对事物的认知从感性认识上升到理性认识。因此,中国人常常会说"只能意会,难以言传",习惯停留在表面现象上,对许多事物的认识"只知其然,不知其所以然",缺乏探求现象背后的本质的精神。

儒、道、佛三家都主张通过直觉把握宇宙,如孔子说"内省不疚",孟子认为"尽其心者,知其性也;知其性,则知天矣",由心的内省以领会宇宙的根本规律。道家认为,自然是一个整体,只可感觉、体验、领悟。佛教的禅宗主张"顿悟",相信瞬间的大彻大悟,不希望通过语言来影响思维,在超时空、非逻辑的精神状态下进入佛性的世界。

## 三、创新与保守

### （一）西方的创新思维

西方智者们的研究客体小到一个石子,大到整个宇宙。西方人为了探求真理,通过举行规模或大或小的辩论,能够听取并包容不同观点,求同存异,不断创新。西方人的创新思维较强,并且也具有鲜明的批判性,因此西方哲学在各个时期都有不同的理论体系,前仆后继。西方思维方式趋于多元化,注重多方向、多层次、多方法地寻求新的问题解决方案,重视追根穷源,具有发散性、开放性。西方人勇于打破常规。对西方人来讲,有变化,才有进步,才有未来,三者之间有着直接的关联。没有变化、进步,就没有未来。西方人历来变化多端。翻开西方历史,显而易见的是标新立异的成功。正是这种创新的价值取向,使西方人永远生活在生机勃勃的氛围中。

### (二)中国的保守思维

中国封建社会的一体化政治结构,决定了中国传统文化长期以来遵守"大一统"思想,要求个人和社会的信仰一致。这种"大一统"思想又通过儒家的"三纲五常""礼乐教化"来得到巩固。儒家倡导中庸之道,反对走极端,避免冒尖,避免与众不同,主张适可而止。中国封建社会希望社会中所有的人,上至国君,下至百姓,都形成同样的价值取向和行为模式。在这种"大一统"文化的熏陶之下,中国人的思维方式相当保守,排斥异己,因而也具有很强的封闭性,缺乏怀疑、批判、开拓和创新的精神。

虽然中国由原始社会到社会主义社会几经变化,但是基本的社会制度和格局并没有变化。一切发展的前提是社会的稳定,这就要求中国人具有保守的思维模式。不得不承认,中国几千年来正是在"保守"中求进步的。这就是为什么中华文化得以延续并保存的历史原因。

# 第二节　英汉价值观念对比

价值观是指人们对周围的客观事物的意义、重要性的总评价。人们对客观事物的主次、轻重、好坏的排序,构成了价值观体系。而价值观和文化是双向互动的关系,因此不同的文化促成了不同的价值观。因此,需要在中西文化对比的视野中来比较中西价值观。

## 一、自然观

### （一）西方的"对立"

在西方文化中，主体与客体是二元对立的。人面对自然，要么感到畏惧，要么就是想尽一切办法去征服。这就形成了人与自然的对立关系。之所以形成这种状态，还要追溯到公元前 3000 年到公元前 2000 年左右的欧洲文明萌发期，即所谓"爱琴文明"时代。西方文明的发源地是古希腊。希腊半岛和爱琴海地区多山地，土地贫瘠，但是有着很多良好的港口，这种地理环境也使希腊人很早就从事海上贸易，使得希腊文明呈现出强烈的海洋性，发展了西方社会经济的商业文明。

当时的人们通过航海和商业来谋生存。这一点可以通过考古发掘的器皿和壁画来证明，海草、珊瑚、海豚、章鱼等形象在那些器皿和壁画中到处可见，足见海洋生活对他们而言并不陌生。实际情况是，海洋比陆地更能显示自然与人类的对立关系。大海波涛汹涌、狂风大浪、危险重重，因此人们很明白不能"靠天吃饭"，也不可能"乐天知命"，人们要经常与大海"博斗"，若不能征服大海，就要被大海吞没。人必须具备冒险的勇气和探索精神，才能求得在海洋上的生存权利。因此，人与自然之间是一种认识、征服和改造的关系。人要勇于挑战自然，彰显人的价值和力量。古希腊的哲学家已经初步确立了这种倾向，出现了毕达哥拉斯那样的进行科学研究的人，也出现了伟大的《荷马史诗》。到了近代，笛卡尔更加明确了主客二分的观念，培根提出了"知识就是力量"的论断，牛顿提出了万有引力学说，瓦特发明了第一台大型蒸汽机，人类认识自然、改造自然的能力获得了巨大的提升。

### （二）中国的"顺应"

自从人类诞生以来，自然世界就分成了人与天这两极。中国位于亚洲东部,太平洋西岸,处于一个半封闭式的大陆上,地形复杂、气候多样、河流纵横的自然基础很早就萌发了初期的农业文明。可以说,中国文化起源于大河,黄河被称为中华民族的母亲河,除此之外,中国还有黑龙江、松花江、辽河、长江等各大流域。农耕文明与游牧文明的互动推动着中华文化的不断发展,总体上还是以农耕文明为主导。

在农耕社会,自然条件的好坏直接影响着人们的生活状况,人们在当时无力改变自然条件,只能祈求自然的眷顾和赐予,希望风调雨顺、五谷丰登。中国古人认为,人要顺应统一的规律,与自然和谐相处。中国人强调"天人合一",非常注重天与人之间的相互融合和协调。

## 二、生存观

### (一)个人主义和集体主义

#### 1. 西方的个人主义

西方绝大多数哲学倾向和流派都强调"主客二分",把主体与客体对立起来。所以,西方人从一开始就用各种方法征服自然,强调个人奋斗的价值,对于个性、自由非常推崇,注重自我实现。但需要指出的是,个人主义并不意味着个人利益比任何利益都高,而是需要在法定的范围内享受权利和自由,因此个人主义也是一种健康的、积极的价值观。不得不说,个人主义有助于个人的创新与进取,但是如果对个人主义过分强调,可能也会影响整个社会的亲和力。西方人以批判的眼光看待已有的知识,从而不断获取新的知识。他们的独立精神以及对个人存在价值的尊重,使得他们逐渐形成了求异忌同、标新立异的开拓精神。因此,西方文化在继承、批判的呼声中不断推陈出新,从而保持旺盛的生命力。所以,西方人喜欢单数,西方文化认为单数吉利,表达更深的程度时,常用"一"来表示,如 one hundred and one thanks(十分感谢)。

### 2. 中国的集体主义

中国人从日月交替等现象产生了"万物一体""天人合一"的意识。这种意识也体现在人与人之间的关系上,因此中国人群体意识强,强调集体价值高于个人利益,追求社会的和平统一。当个人利益与集体利益发生冲突时,人们往往被要求与集体利益保持一致性。虽然这种情况在当代社会有所改变,但是中国人仍旧饱含着强烈的集体归属感。同时,中国人以谦逊为美,随遇而安、知足常乐,而争强好胜、好出风头是不被看好的,所以自古就有"枪打出头鸟"这句俗语。因此,中国文化认为双数是个很吉利的数字,人们喜欢在双数的那天办喜事,如结婚选择双数的良辰吉日。汉语中有关双数的词语往往都是褒义的,如"好事成双""双喜临门""六六大顺""十全十美"等。

### (二)竞争与和谐

#### 1. 西方的竞争观念

从社会经历的发展历史可以看出,西方社会所表现出的典型特点就是"重商主义"。美国著名学者罗伯逊认为,美国社会的商业文明在1776年美国独立时就已经形成。

在西方社会,"权利、地位、声望、金钱"都不是天生就有的,并不能简单地通过继承遗产或者高贵的血统来获取。个人要想获取财富,实现自己的理想,只有通过自己的竞争才能实现。因此,西方人形成强烈的竞争思维。

西方人认为,作为社会中的一分子,个人应该通过自己的竞争来获取资本以及各种机会,应该勇于面对和接受各种挑战,将自己放在与他人竞争的同等位置,从而充分激发自身的潜力以及战斗力,通过行动来追求速度、结果、效率。西方人非常推崇达尔文所提出的进化论思想,"物竞天择"是西方人的人生信条之一。

## 2. 中国的和谐观念

中国传统哲学以"天人合一"为最高境界,以和谐、统一为最终目标。并且儒家的中庸思想,也主张社会方方面面的和谐一致。这还得从中国古代的生存环境和历史条件说起,从中寻找中国人和谐思维的根本原因。

中国是农业大国,在中国传统思想中,重农轻商、重本轻末。孟子说:"百亩之田,勿夺其时,数口之家可以无饥矣。"中国古代社会中流传的一个说法是"士、农、工、商",从这一排序中就可以明显地看出商人的地位,商处于最末。中国古代社会形成重农思想的根源,主要在于古代人长期处于一种自然的经济状态中。从事农业需要天时地利人和,因此中国人在长期的农业生产中形成了合作与协调的思维。例如,"远亲不如近邻""家和万事兴"等都是对和睦、和谐的推崇与追求。

# 三、道德观

## (一)平等与奉献

### 1. 西方的"平等"

西方的人文主义对西方道德观有着根深蒂固的影响。在西方,所谓人文主义,最初是指发扬那些纯粹属于人和人性的品质的一种途径。西方古典人文主义的历程大体可分为古希腊的人文思想奠基到文艺复兴时期的"人的发现",到启蒙时期的人文主义形成,再到19世纪的发展顶峰与分化等几个主要阶段。在西方哲学史上,普罗泰格拉(Protagoras)第一次把人作为研究对象,强调了人的主体地位和能动作用,开创了西方人文主义的哲学思想。文艺复兴时期的"人的发现",是对古希腊时就已经存在的人的一种意识的唤醒,强调、发挥古希腊、古罗马典籍中关于人性、人的价值、人生幸福的思想。启蒙运动时期西方人文主义由贵族转向平民、由王权转向人权，更加明确地强调个人能量的解放和释放促使无限力量的形成。到了 19 世纪，人文主义认为，个人才能发挥促成的知识、财富、文明等方面的增长在物质和道德方面将人提高到前所未有的新高度。①

人文主义倡导的自由、平等思想贯穿着中世纪以来的社会、政治、经济、文化等各个方面。在世俗社会，西方的传统是崇尚法律，法律被认为是自由、平等、正义的象征。

### 2. 中国的"奉献"

中国"利他主义"的道德观源远流长，可以追溯到儒家传统价值观的义利观。儒家创始人孔子最早提出义的概念，他在《论语·里仁》中指出，"君子喻于义，小人喻于利"。这种利义观影响着中国社会几千年。与利他主义相伴随的是奉献精神，二者的共同之处就是把他人的利益凌驾于个人利益之上。历史发展至今，奉献依然是中国核心价值观的基本元素。所以，在中国，不乏具备奉献精神的人物，古有"先天下之忧而忧，后天下之乐而乐"的范仲淹，后有全心全意为人民服务的雷锋，今有感动中国的大学生志愿者徐本禹、一生清廉履职的好书记杨善洲等。

### （二）德与仁

### 1. 西方的"德"

西方社会传统的道德价值观强调智慧、勇敢、节制和正义。另外，西方文化史上伟大的思想家柏拉图（Plato）认为，正义是智慧、勇敢、节制三种美德的统一，同时正义这种美德是催生智慧、勇敢、节制这三种德行的前提。这一思想在柏拉图所著的《理想

---

① 吴玉敏．西方人文主义与中国新人文主义建构［J］．中央社会主义学院学报，2015，(6)：82-83.

国》中有所体现,柏拉图从城邦正义、个人正义两个层面来阐述正义,他指出城邦正义就是城邦中的每一个人都只做自己的事情,个人正义则是指自己内心的各个部分不可相互干涉。正义还指人的智慧、勇敢和节制三种德性各司其职、和谐共处。正义使社会各阶层安于自己天赋决定的地位和职责,社会因此处于和谐秩序之中运行。[①]

### 2. 中国的"仁"

在中国传统文化中,最重要的道德价值观是仁和义,其中"仁"位于仁、义、礼、智、信的首位。在孔子看来,"仁"是儒家之道的根基,作为伦理主张和道德理念的"仁"和"温良恭俭让"等具体德行是不同的。孟子继承并发扬了孔子的思想,在《孟子·梁惠王上》中描述了他认为的理想社会,即"老吾老,以及人之老;幼吾幼,以及人之幼",这与孔子的思想是一脉相承的。可见,推己及人是儒家的一贯态度,这符合"仁"的真实情感。当然,"仁"只是抽象的道,它又具体化为人际交往的准则,即"仁者爱人""己所不欲,勿施于人""己欲立而立人,己欲达而达人"等。而且儒家认为"仁"是后天获得的,具体的修身程序为"学礼—约之以礼—自觉地循礼行事—存养仁"。但是,实现了"仁",并非意味着修身的终止。对"仁"的追求类似于对真理的追求,永无止境。[②]

## 四、教育观

### (一)西方求真

"天人二分"的西方哲学观必然引出西方文化对真理的追求。认识自然的目的在于探求真理,以便指导自己去改变自然、征服

---

① 徐春艳.中西道德价值观差异及根源分析[J].湖南工程学院学报,2013,(2):59.

② 范五三,谢兴政.从中西比照的视角看作为价值观的"友善"思想[J].太原理工大学学报,2018,(4):42.

自然。无论是古希腊哲人赫拉克利特、柏拉图,还是亚里士多德,都主张认识的根本目标在于发现真理,智慧就在于认识真理,并把能认识真理视为人的最高追求。人们眼中的中世纪代表着愚昧、荒诞,虽然如此,那时候的人们仍然大肆宣扬着对真理的追求。圣·奥古斯丁认为,在真理面前,心灵和理性都要让步,人人都想要获得幸福,但是途径只有一条,那就是获得真理,并且认识了真理便认识了永恒。在中世纪,神学利用各种方法证明了上帝的存在,这在一定意义上都是为了求得神学真理。但是,要发现真理还需要运用科学的手段,因此培根创造出了通过实验与理性来发现真理的科学方法。同样,笛卡尔也强调,追求真理要运用正确的方法,至于什么是正确的方法,还要深入研究。对于真、善、美的向往,是人类的共有的特性。但是,西方文化是先求真,再求善,真优于善。例如,古希腊早期哲学只涉及真,而未涉及善。后来,道德问题在哲学中地位有所提高,但仍然是存在于真理的基础上。一直到近代,西方文化一直遵从这种真高于善、善基于真的格局,由此我们可以说西方文化为认识文化。

（二）中国求善

在一定意义上,可以说中国文化是一种伦理文化,因为在中国古代文化中,认识、求真往往与伦理、求善结合在一起,并且前者附属于后者。儒学的经典之作《论语》,就是以伦理为核心的,然后延伸到政治等方面。孔子甚至将"中庸"看成美德之至。孟子也是在其"性善"说的基础上建立其"仁政"和"良知、良能"学说的。孟子认为,认识的先天能力（良知、良能）源于性善。"诚"的中心内容是善;"思诚"的中心内容是"明乎善"。唯有思诚、尽性,才能解除对良知、良能的遮蔽,获取充分的知识和智慧。显然,善高于真而衍生真。宋明理学作为儒学的新阶段,已吸收综合了道教、佛教的某些重要思想,但其基本构架仍是伦理思想统驭认识论,如"格物致知"的认识论就在伦理学的控制范围之内。理学的认识论完全被伦理学兼并了。

中国古代社会的价值观表现为文化政治化、道德化，过多地在乎社会秩序和人际关系的礼仪，并认为这是"正道"。当时的人生理想被宣扬为读经书、考科举、进入仕途，因此许多知识分子争先恐后地追求仕宦前程，都在研究怎么度过人生、怎么安邦治国才算是最好的选择，而对与此没有直接关联的学问非常漠视。这种趋势在汉代以后表现得更加明显，重义轻利，重人伦轻自然，重政治轻技术。甚至儒家思想还将理性思辨和科学分析置于日常生活、伦常感情和政治观念中，使科学理论伦理化、政治化。而道家的文化是一种朴素的文化，他们推崇原始的、蛮荒的世界，普遍蔑视科学技术。这种情况在封建社会的后期变得更加严重，十分不利于科学技术的发展。人们普遍打着"万般皆下品，唯有读书高"的响亮口号，需要注意的是，他们读的书不是科技类的，而是圣贤的"经书"。人们都想通过宦官仕途而成为人上人，劳动者因为没有文化而不能把技术抽象为科学，而有文化的知识分子实际上就是封建官僚的后备军，又不屑于具体的科技。这就造成了"主流学问"与实用知识的脱节以及劳动实践与知识创造的割裂。所有这些实际上已经成为科技进步道路上的一个巨大的绊脚石。

## 五、审美观

美学由西方哲学和诗学（文艺理论）发展而来，由德国哲学家、美学家亚历山大·戈特利布·鲍姆嘉通（Alexader Gottlieb Baumgarten）于 1750 年首次提出，指"感知"。审美是人类都有的心理活动，是人们根据自身对某事物的要求所产生的一种对事物的看法。审美是一个群体中人与人之间联系的纽带。审美观是审美主体对美的总的看法。审美观作为价值观的重要组成部分，与价值观的其他组成部分有着密切的联系。通常情况下，审美观随着需求和认知的变化而变化，因此它体现了个体的需求和认知。因此，审美观还因文化的不同而不同。

（一）艺术审美观

艺术美学是哲学的一个重要分支,也称为"艺术哲学",起初是指"对感观的感受"。根据艺术美学的理论,艺术是美,美也是艺术。中西方艺术审美观既有共性,也有差异性。

1. 中西方艺术审美观的源泉

在中西美学史上,审美观照理论源远流长。西方主要有柏拉图、席勒、叔本华、尼采、狄尔泰、弗洛伊德、海德格尔、马塞尔、伽达默尔等,中国主要有老子、庄子、郭熙、苏轼、严羽、王国维、宗白华等。其中,老子和柏拉图的美学思想是中西方审美观照理论的源头,是人类文明史上第一个轴心时代的东西方民族的伟大代表。对这一源头进行对比,有利于更好地把握中西审美观的特点。

（1）柏拉图的"迷狂"

从理论形态上讲,柏拉图的审美观照理论通过他的专门论述,已经形成了相对清晰的脉络体系。他的《大希庇阿斯》就是一篇美学专论。

从审美的主客体方面来说,柏拉图比较强调审美观照时的超然物外的审美态度,强调直觉观照的方式。柏拉图认为,受到尘世欲望影响的人无法享受美的快乐,参与过多的社会琐碎事务会钝化自己对美的感受。他将美感同生理欲望、利害关系相互割裂开来。美感是灵魂在"迷狂"状态中对美的理念的回忆。需要注意的是,他的审美观照是炽烈的、沉醉的,他认为艺术家由于神灵附体而处于迷狂状态,由此产生了狂喜的、沉醉般的直觉。

从审美的实践性的角度来讲,柏拉图认为审美观照与人的社会实践毫无联系,这也是他的审美观照理论的弱点所在。作为审美观照的主体,总是要用人的感受器官来进行审美观照的,而审美的感官本身恰恰不能脱离人类的实践。人类的手足、耳朵、鼻子、眼睛等审美感官是"以往全部世界史的产物",是人类全部的实践形式的历史的"积淀和遗传在人的感官上的结果,而人类的审美感官在进行观照时也同时把"全部世界史"都机能化了。

（2）老子的"玄鉴"

从理论形态上讲,老子的审美观照理论蕴含在他的哲学思想里,没有独立的美学体系,比较混沌、零散,而更多的是为审美观照理论提供了哲学的基础。

从审美的主客体方面来说,老子和柏拉图的共同点在于都比较强调直觉观照的方式,他也认为审美观照时首先要有一个"虚静"的审美心胸,排除私心杂念,保持平静如水的内心状态。然而,他和柏拉图不同的是,他的审美观照是平和的、开阔舒畅的,认为只有保持淡泊的、安宁的心境,美才会出现。

从审美的实践性的角度来讲,老子的审美观照理论有着和柏拉图的审美观照理论一样的致命弱点。

## 2. 中西方艺术审美观的共性与差异性

在人类社会的初级阶段,由于生产力的不足,所以无论中国或是西方,起初的艺术审美都主要考虑社会功利作用。

在西方国家,艺术的主要作用是"认识"。西方阐释学家保罗·司格勒斯（Paul Sigles）将艺术比作代码,可以借助媒介传递信息。虽然在西方的历史发展过程中,在大部分时期信仰发挥着道德教化的载体作用,艺术只在特定时期承担社会功能,但在大部分时期艺术充当着个体情绪与情感的载体。从古希腊时期起,西方哲学家就认为艺术是对自然的模仿。后来,柏拉图在《理想国》卷十里指出,文艺又是现实世界的"影子"。亚里士多德认为,文艺只是起了"净化"的作用。西方哲学传统认为,艺术只是在观察社会、表现现实,而不能改造社会,它始终是一个旁观者。所以,西方审美观更多地表现为人类的情绪或情感,注重个体情感的愉悦。

中国古代虽然没有系统的美学学科,但有很多美学概念与西方美学如出一辙。中国的艺术审美观主要来自儒家思想。在儒家传统思想中,艺术是修炼"仁爱"之心的主要手段。"言,心声也""文,心学也""书,心画也"等言论,就将艺术和心灵表现联系在一起。另外,儒家学说中的"诗言志"表明,人们可以通过文艺的修炼达到仁的境界。由此可见,中国传统文化认为,艺术是道德教育的主要载体。因此,中国艺术审美观最终更多地走向审美伦理化和功利性。

## (二)文学审美观

语言美应该是存在于语言中的一个审美信息结构。它既然是一个"结构",就不仅是可以意会的,也是可以言传的,换言之,人们完全可以对之加以解剖、分析、描写、表现。语言中的审美构成包括物质形态审美构成与非物质形态审美构成。物质形态的审美信息存在于音韵、词句、章节等的具体的、物态的结构中,非物质形态的审美信息存在于语言的精神风貌中。因此,审美客体的审美构成可以分为两个表里相托、形意相融的系统:形式系统和非形式系统。

中国和西方之所以有着不同的文学观,是因为文学的起源不同。西方文学起源于模仿外物,中国文学起源于心物感应。因为西方文学起源——模仿外物论,文学必然具有叙事的特征。而中国的文学起源——心物感应论,文学必然具有抒情的特征。西方文化选择的是知识之树,中国文化选择的是生命之树。这种文化差异表现在文学审美观上,就是西方的追寻意识,中国的空灵意识。

### 1. 西方的"追寻意识"

西方人认为,主体必须尊重、了解客体,才能在这个客观世界上生存下来。这体现了西方人的追寻意识。古希腊德谟克利特曾说过:"从蜘蛛我们学会了织布和缝补,从燕子我们学会了造房子,从天鹅和黄莺等歌唱的鸟我们学会了唱歌。"这样的文化氛围经过一代一代的传承，影响了整个民族和社会。以至于亚里士多德的"模仿说"在西方文学历史上长期居于主导性地位。"模仿说"的基本观念指出，一部作品是否能够称得上美妙，要看这部作品是否能将自然中人的言行举止模仿得非常形象生动，非常接近于被模仿的对象。这种"模仿说"后来体现在文学样式上，促进了叙事文学的兴起和繁荣。亚里士多德将文学样式分为三种类型，史诗是第一位的，然后才是抒情诗和戏剧。例如，世界上各个民族的史诗无不是对民族发祥、迁徙、所经历的战斗流血以及英雄业绩的模仿和再现。

从文艺复兴到现代文学，"追寻意识"都是西方文学中的一条主线。"追寻意识"是西方文学和审美意识中崇尚自由、追寻发展精神的集中体现。

古希腊的科学型、自由型文化精神，经过文艺复兴、启蒙运动的传承，成为西方文化的根本内涵之一。西方人赞美生活、讴歌人类、歌颂人生，不断挑战自我、超越自我，以人为本、执着现实、积极进取。作为西方文化另一渊源的基督教，重视道德，强调仁爱和救赎，将"爱"视为伦理的最高原则，深深地影响着近代新型资产阶级。中世纪传说中的"圣杯"以及诸多骑士寻找圣杯的故事，滋生出了追随、寻找、复归等文化意义。这样，经过西方古典叙事文学的积淀，经过西班牙"流浪汉小说"的潜在导引，西方文学的主题大多是彰显个体奋斗和个人自由，由于作品吸收了广泛的社会现实的一些信息以及作者渗透出了先进的人道主义风格，因此会引起社会意识形态的审视和批判性思考。这是一种广义的"流浪汉文学"模式，其表现范式为"离家—入世—追寻—成功（或失败或毁灭）"，注重事件发展过程的真实性，表现出了一种追寻意识，为读者展示出一个广阔的视野和思维空间。

## 2. 中国的"空灵意识"

受中国传统文化中"天人合一"哲学观的影响，中国历代文学家没有探求自然、历史等的意识，而是把注意力放在自己内在的生命意识的表达上,在文艺中强调感发意志、吟咏性情的重要作用。

正如汉代的《毛诗序》所言:"诗者,志之所之也,在心为志,发言为诗。情动于中而形于言,言之不足故嗟叹之,嗟叹之不足故永歌之,永歌之不足,不知手之舞之,足之蹈之也。"此外,"永"即为"咏"。在这种"诗言情、歌咏志"的观念下,诗是心物感应出来的,因此就不难理解,历史悠久、人数众多的中国虽是诗歌的国度,却长期没有西方那样宏大的史诗。

"空灵"本来是美学中的一个概念,代表着审美中的一种风格,主要是指作品有灵气、弹性足,可以用于形容作品在形象、内涵、意境、氛围等方面的特征。但是,中国文学将"空灵"一词的含义进行了引申和拓展,实际上是对"空灵"的一种借喻,主要是指中国文学对艺术精神、情感意趣以及"出世"思想的追求。例如,陶渊明之所以能写出"采菊东篱下,悠然见南山"这样脍炙人口的诗句,是因为他为了释放自身的失落、伤感与愤怒的情绪,而陶醉在这种悠闲、出世的氛围中。再如,孟子提出"达则兼济天下,穷则独善其身",这里的"穷"是指困境,在具体的现实中很多有才能、有抱负的人都遭遇了巨大的困境,可见,在儒家思想中,"达"与"穷"是两种完全相反的生活状态,但是人们在这两种状态中都能找到最理想的人生目标。当自己深处困境时,则更应该提高自己的品德和修为。当然,"穷"的状态是人们都不愿意面对的,因为它让人悲伤,人们往往为了迅速地从这种状态中解脱出来就会自觉地从内心或者外界寻找一些安慰物或者心理的补偿物。据此,中国文学的审美情趣呈现出一系列空灵性特点。例如,中国文学常以仙和仙界折射人伦社会,表现出一种超越悲剧、超越现实的浪漫情怀。

"自然"在中国文学中常作为消解悲剧情怀和寄托情怀的重要因素,如象征高洁的松、竹、梅、菊等。再者,山水也充分显示出了悲剧意识的消解功能,王维就是最好的代表,他的"明月松间照,清泉石上流""行到水穷处,坐看云起时"等诗句都显示出山水自然与生命情思的呼应。另外,酒因为自身的特点常常让人意识模糊、表现出醉意,因此也能给士人们带来暂时的释放情绪的感觉。中国的文人墨客常常将酒作为自己抒发情感的意象,并且通常都代表一种达到快乐的手段和事物,酒在中国文化中是一个非常重要的因素。"对酒当歌,人生几何",一方面,酒能够让人的大脑麻醉,从而使人得到暂时的轻松,进而忘掉令人悲痛的处境和一些道德的束缚;另一方面,酒对人的精神有一种真正的放松作用。陶渊明在饮酒过程中意识到了文化的本质和核心思想,于是决定在混乱的世间独自修养身心,显示出一种高尚的节操和追求质朴生活的人格。除了酒之外,梦在中国文学中也代表着一种空灵的审美形态,因为梦里的事情不是现实生活中发生的真实事情,所以它能够弥补现实的不足。例如,求仙不成的李白说"梦中往往游仙山";《桃花扇》用人生如梦以缓解巨大的悲剧意识。要说最能证明中国文学"空灵"意识的例子,应该是中国文学始终走在追求意境这条道路上,追求思想与意境的和谐共生。意境就是用有限的言语来衬托无限的意蕴,令人回味无穷。

# 第三节　英汉社交观念对比

在文化和社会交往的基础上形成的社交礼仪,毫无疑问,带有民族文化特色的烙印。在此,从以下几个方面探索英语和汉语社交观念的特点。

## 一、称谓

称呼拉开了言语交际的序幕,交际者在进行言语交际之前总是要先称呼对方。称呼包括亲属称呼和社会称呼。称呼的恰当与否,关系到言语交际能否顺利进行。不恰当的称呼可能会导致交际双方之间关系的恶化,甚至交际的中断。具体来讲,在选择称呼的时候,要参照对方的年龄、辈分、身份、交际双方的关系以及交际的具体场合等因素。

### (一)亲属称谓

各个民族都具有表示家庭成员关系的亲属称谓系统。亲属称谓指的是以本人为中心确定亲族成员和本人关系的名称。中西方亲属称谓差异表现在以下几个方面。

第一,中国传统文化是一种宗族文化,根据辈分来选择合适的亲属称谓语;而西方文化不太重视宗亲关系,因此倾向于使用自然亲切的称呼。

第二,中国传统文化对宗亲关系的重视在亲属称谓语方面的另一个体现,就是汉语的亲属称谓有着复杂而详细的分类;西方文化对宗亲关系的轻视在亲属称谓语方面的另一个体现,就是西方亲属称谓语没有严格的划分。例如,汉语中对同胞兄弟姐妹的称谓,是各不相同的;而英语中的 brother 可表示哥哥和弟弟,sister 可表示姐姐和妹妹,等等。

第三,汉语中对不同性别的亲属,分别给予不同的称谓;英语亲属称谓语无此特点。例如,汉语中表哥、表弟、表姐、表妹、堂兄、堂弟等亲属称谓语就将性别进行了区分,而英语只用 cousin 一个单词就代表上述所有称谓。

汉语和英语的亲属称谓如表 4-1 所示。

**表 4-1　汉语和英语的亲属称谓词语**

| 亲属关系 | | 汉语 | 英语 |
| --- | --- | --- | --- |
| 一层亲属 | 配偶关系 | 丈夫 妻子 | husband wife |
| | 生育关系 | 父亲 儿子<br>母亲 女儿 | father son<br>mother daughter |
| | 同胞关系 | 哥哥 弟弟<br>姐姐 妹妹 | brother<br>sister |

| 亲属关系 | | 汉语 | 英语 |
|---|---|---|---|
| 二层亲属 | 直系亲属 | 祖父 外祖父<br>祖母 外祖母<br>孙子 外孙<br>孙女 外孙女 | grandfather<br>grandmother<br>grandson<br>granddaughter |
| | 旁系血亲 | 伯父 叔叔 姑父 舅舅 姨夫<br>伯母 婶婶 姑姑 舅妈 姨<br>侄子 外甥<br>侄女 外甥女 | uncle<br>aunt<br>nephew<br>niece |
| | 姻亲亲属 | 岳父 公公<br>岳母 婆婆<br>女婿<br>儿媳妇<br>姐夫 妹夫 大伯子 小叔子<br>嫂子 弟妹 大姑子 大姨子 | father-in-law<br>mother-in-law<br>son-in-law<br>daughter-in-law<br>brother-in-law<br>sister-in-law |
| 三层亲属 | | 堂兄 堂弟 堂姐 堂妹<br>表哥 表弟 表姐 表妹 | cousin |

（资料来源：白靖宇，2010）

## （二）社会称谓

中国传统文化深受儒家文化的影响，儒家文化是一种讲究仁、爱的文化。这种文化在社会称谓方面的体现，就是中国人将称呼看作拉近心理距离、营造尊重和仁爱氛围的一种手段，因此用接近于亲属称谓的方式来称呼那些与自己没有亲属关系的人，也叫作拟长辈称呼和拟兄弟姐妹称呼。在这些称呼中，核心词是亲属称谓词。父母作为直系血亲，是亲属关系中与自己最亲密的一种关系。基于此，中国人把那些与父母同辈的长辈称为大伯、大妈等。同胞手足在同辈的亲属关系中是最为亲密的，所以中国人为了拉近彼此的感情距离往往称呼同辈成年男子为大哥、兄弟，称呼同辈成年女子为姐姐、妹妹等。另外，社会上流行的"哥们儿""姐们儿"之类的叫法,往往是因为交际目的的需要而产生的。

　　西方的社会称谓一般有三种方式:直接称呼名字;头衔＋姓氏;以职位来称呼。第一,直接称呼名字的方式最常见,通常适应于关系较近的交际者之间或者非正式的交际场合中。无论是父母和孩子之间,还是老师和学生之间,都可以直接称呼名字。第二,"头衔＋姓氏"这种称呼方式用于较正式的交际场合。像 Mr.(男士),Ms.(婚姻状况不明的女士),Miss(未婚女士)之类的词语都属于头衔。女士一般比较青睐于"Ms.＋姓"这一称谓方式,因为婚姻状况在西方文化中作为一种隐私不经常在公共场合被公开。第三,以职务或职称来称呼的方式并不多见,如 Professor,Doctor,Captain,General 等。职业是一种社会地位的象征,对于那些社会地位较低的职业,往往不适合直接用来称呼,显得不太礼貌和尊重,如 waiter,conductor 等。Sir 和 Lady 可以作称谓单独使用,也可和姓名一起使用,需要注意的是 Sir 后加名,Lady 后加姓,用于较正式的场合。

## 二、问候与告别

### (一)问候

　　问候作为对交际双方的一种关怀的话语,起着维系人际关系的作用。但是,在不同的文化环境中,人们问候的方式和内容是不同的。在中国,人们将问候视为开启一段交际关系或者营造良好感情氛围的手段,比较注重的是问候的方式,不太注重问候的内容。人们通常会就事论事或明知故问,被问候的人可以回答也可以不回答,只要说话人表示的关心使被问候人收到就行了。

　　在西方,人们的问候显得随意,问候内容不具体,通常根据对方的接受程度来决定问候的内容。

（二）告别

中国人和西方人在告别方式上有以下几种不同点。

第一，告别的理由。中国人很照顾对方的感受，即使在告别时也经常说"打扰您太长时间了"。西方人告别的原因有时候是客观事件，有时候是主观想法。

第二，告别语。中国人在告别时通常会表达自己的关切，如"保重""一路小心"等。西方人在告别时通常表达一种祝愿，如Goodbye 表达的就是"God be with you."

第三，告别时的评价。中国人不会将当前感受表现出来，并且总是出于一种客套而发出再次邀请的信息，如"有空常来呀"这类话。英语国家的人在道别时很注意对双方接触的评价，以表达愉快相会的心情。他们的再次邀请都是出于真实想法，时间是明确的。

## 三、请求和拒绝

（一）请求

总体来讲，中国传统文化讲究含蓄、收敛，这表现在请求方面就是间接暗示。当然，请求的发出方式还和社会地位、辈分有着直接关系。一般而言，地位较低者对地位较高者、幼者对长者通常是间接地提出请求。他们在提出请求之前，先详细交代请求的原因、背景等内容，以便请求具备一种较强的合理性，也容易被接受。但是，地位较高者向地位较低者、年长者对年轻者通常是直接地提出请求，因为双方都认为这是合情合理的。

西方人在提出请求时也要参照社会地位的高低，除此之外，还要考虑双方关系、性别、年龄和请求实现的难度。为了表示礼貌和尊重，他们也经常使用间接方式提出请求。被请求者的社会地位越高、年龄越大、涉及的内容越特殊或困难，间接或暗示的程度就越大。

## （二）拒绝

在中国，地位较低者在拒绝地位较高者时，一般要使用"道歉"语；反之，则不用。

在西方，人们的平等意识较强，不同地位的人在拒绝他人时都使用"道歉"语。

# 四、恭维

恭维实际上就是称赞（complimenting），表示对别人品质、能力、仪表等的欣赏。不管是在中国还是在西方，恭维都是社会中常见的言语行为。恭维有很多作用，但最直接的表现就是人际关系的改进。

中国人在对别人进行恭维时可使用的话语非常多。从社会地位的角度来考虑，一般是下级恭维上级，并且能力常常成为恭维的内容。但是，在中国文化中，男性恭维女性的外表是一种禁忌，有可能被视为轻佻无礼。由于中国文化奉行"贬己尊人"的礼貌准则，在面对别人的恭维时，中国人一般以否定的态度来对待，用"过奖""没有"等字眼来表达自己的谦虚。例如，当你称赞中国家庭女主人的厨艺时，她可能会满怀歉意地说："哪里，我是随便做的，做得不好。"

西方人在恭维时较多地使用 nice, good, beautiful, pretty, great 等形容词。西方人对恭维他人的能力非常慎重，只有拥有评价资质、社会地位较高的人才可以对他人能力进行恭维，一般是上级对下级进行恭维，旨在构建融洽的上下级合作关系。男性称赞女性的容貌、身材、穿着打扮等，是非常平常的事情，不但不会令西方女性感到害羞或者觉得不恰当，反而会让她们获得一种愉悦的心情。面对别人的恭维，西方人如果认为对方的恭维是事实，就会直接接受，表达感谢；而如果认为对方的恭维不真实，也会表示否定。例如，当你称赞西方家庭女主人的厨艺时，她会说："哦，真高兴你这么喜欢，我是特别为你做的。"

## 五、肢体语言

肢体语言也称作"非词语性身体符号",是通过身体部位的活动来传递思想或情感信息的。大部分的人际交流是通过肢体语言进行的。因此,要促进交际的顺利进行,交际者必须了解肢体语言。肢体语言很丰富,没有固定的规则,通常和语言搭配使用,能够补充语言未传递出来的信息。文化差异也体现在肢体语言上。在不同的文化中,肢体语言传递着不同的内涵。在此,主要介绍身势语、眼神交流这两种肢体语言的中西文化差异。

### (一)身势语

中西方身势语差异表现出以下两种情形。

第一,动作一样、意义不同。相同的身势语在不同的文化中可能表示不同的意义。如表 4-2 所示。

表 4-2　中西方意义不同的身势语

| 身势语 | 英语意义 | 汉语意义 |
| --- | --- | --- |
| 跺脚 | 不耐烦 | 气愤,恼怒,灰心,悔恨 |
| 听众和观众鼓掌,表演者或讲话人也鼓掌 | 为自己鼓掌;被认为是不谦虚 | 谢谢,互相表示友好感情 |
| 目不转睛地看 | 不礼貌;使人发窘;不自在 | 好奇;有时是惊讶 |
| 发"嘘"声 | 要求安静 | 反对;责骂;轰赶 |
| 拍别人的脑袋 | 安慰;鼓励;钟爱 | 疼爱(大人对孩子);其他情况下会引起别人的反感 |

(资料来源:黄勇,2007)

第二,意义相同、动作不同。不同的身势语在不同的文化中可能表示相同的意义。如表 4-3 所示。

表 4-3 中西方动作不同的身势语

| 意义 | 中国的身势语 | 美国的身势语 |
|------|------------|------------|
| 叫别人过来 | 把手伸向被叫人,手心向下,几个手指同时弯曲几次 | 把手伸向被叫人,手心向上,握拳,食指弯曲几次 |
| "丢人""没羞"(开玩笑) | 伸出食指,用指尖在自己的脸上轻轻划几下,手指伸直 | 伸出两只手的食指,手心向下,用一个食指擦另一个食指的背面 |
| 吃饱了 | 一只手或两只手轻轻拍自己的肚子 | 一只手放在自己的喉头,手指伸开,手心向下 |

(资料来源:黄勇,2007)

另外,肢体语言也体现在学校课堂里。在中国学校,学生在课堂里都被要求坐得笔直,甚至手还要背在后面,以营造一种严肃、认真的课堂气氛。但是,在美国学校,情况大不相同,老师和学生的身体都相当随意、轻松,东倒西歪是正常现象,教师和学生经常围着桌子一起讨论,这样就创造了一种自由、平等的讨论气氛。

总体来说,南欧、中东、拉丁美洲地区的人们讲话时动作较多,动作幅度也较大;北欧、英美、亚洲的人动作较少,幅度也较小。

(二)眼神交流

眼神交流涉及有没有注视对方、注视对方的时机是否合适以及注视时间的长短。在不同的文化中,眼神交流的标准是不同的。另外,交际场合的差异也影响着眼神交流的差异。

在中国,人们曾经一度认为直视对方是不礼貌的行为,尤其是当上级讲话时,下级更不应该直视上级。

西方的情形截然相反。在交际中,无论是说话人还是听话人都要主动和对方保持眼神交流。对于听话人而言,和说话人进行眼神交流表示自己对其说话内容的关注和兴趣;对于说话人而言,和听话人进行眼神交流,表示对听话人的重视。彼此较熟悉的人在交际过程中,如果不进行眼神交流,可能表示一些负面的意义,如轻视、内疚等。但是,西方人对注视时间的长短有自己的标准,他们认为注视过久是不礼貌的。在陌生人之间的交际中,目光接触后立即移开是较合适的,如果迟迟不挪开视线,可能代表着好奇、喜爱等含义。在以前国际化交流不频繁的时期,来中国的外国人并不多,人们在大街上看到一个外国人都觉得很稀奇,可能就会注视较长时间,这其实会让外国人产生不好的感受。

# 第五章 英汉自然文化对比与翻译(一)

自然是大自然中各个事物的总称,是指天然的、非人为的各种奇妙现象,如风云变幻、山川河流、四季更替等都属于自然的一部分。这些自然现象时刻伴随着人们的生产生活,寄托着人们的情感,并由此形成了一种自然文化,反映着民族的文化特色。由于地理环境、历史文化的不同,英汉自然文化也存在差异,本章就在对比分析英汉自然文化异同的基础上,探讨其翻译情况。

## 第一节 风文化对比与翻译

风这一自然现象十分常见,它是空气受热膨胀,遇冷收缩,因热胀冷缩而流动的现象。当风作用于人体时,人们会有相同的感知,会产生相似的认知心理。但因文化环境的不同,不同民族的人们又会对风这一客观现象产生不同的主观认识。就英汉民族而言,英语中的 wind 与汉语中的"风"既有相同之处,也有不同之处。本节将对英汉风文化进行对比分析,进而探讨它们的翻译情况。

### 一、英汉风文化对比

#### (一)英汉风文化的相同之处

对于风这一客观现象,英汉民族的人们有着相同的感受,进而也会产生相同的联想,具体表现在以下几个方面。

1. 表示没有根据的、不实的事物

风有着来去自如、不受限制的自然属性,具有任意性和无拘无束的特征,风的这一特征反映到语言中,就有了与之相对应的表达,如汉语中的"风影""风议"等。在此基础上,风延伸出另一层含义,喻指消息,如"风声""风闻""闻风丧胆"等。风的任意性特征与消息这一含义相结合时,可以指无凭据的空穴来风,如"风谣""风言风语"等。西方人与中国人关于风有着相同的感知,因此 wind 也有与汉语中的"风"相似的含义。wind 在英语中就有 rumor(谣言、传闻)的喻义,如 take wind(被谣传),whistle down the wind(诽谤),have wind of(得到风声)等。

另外,风能够被人感知,却无法被人触摸,因此让人有一种虚无缥缈的感觉,这反映到人们的思想和语言上,能贴切地表达"华而不实"的意思。在英语中,wind 就有"空谈、空想"的喻义。例如:

That speech was just a load of wind.

那篇发言只不过是一堆空话。

汉语中也有很多类似的表达。例如:

风语:虚浮不实的话。

风花:内容空洞、辞藻华丽的诗文

2. 表示事物发展变化的趋势

气体流动形成风的时候具有方向性,因此风也就有了"动向、趋势"的含义。在英语中,wind 喻指 tendency(倾向、趋势)的用法十分普遍。例如:

something in the wind 将要发生的事

see/find out which way the wind blows 观望形势

the winds of popular opinion 民意所向

汉语中,风喻指"动向、趋势"的用法也很常见。例如:

风向:形势的发展方向

风头:与个人有利害关系的情势

### 3. 表示事态的不稳定

风起的时候方向不定,而且随时会改变方向,不是人力所能控制的,所以根据风不稳定的这一特点,就延伸出了"事态不稳"这一含义。英语中常见的表达有 three sheets in the wind,汉语中与之相对应的表达有"风雨飘摇""风中之烛"等。

### 4. 比喻快乐的心情

微风使人心情愉悦,心旷神怡。春日的和风折射了人们轻松愉悦的表情,表示人的心情愉悦。因此,大量的表达如 a breezy day 和"满面春风"等指人快乐的心情。

### (二)英汉风文化的不同之处

由于地理环境和文化背景的差异,英语中的 wind 与汉语中的"风"又有着不同的文化含义,具体体现在以下几个方面。

### 1. 源于风向的文化差异

地理环境不同,气候也会不同,不同民族的人们对风也会产生不同的体验。英汉语言中都习惯用方位词来区分风向,加上方位词之后,英汉语言中"风"的文化差异就显得更加突出,其中"东风""西风"与 east wind,west wind 就是典型的例子。

英国东临欧洲大陆,西临大西洋。每到冬季,来自北欧的"东风"与"东北风"就带来刺骨的寒冷,所以英语中的 east wind 并非令人欣喜的词,一提到 east wind,人们就会联想到寒冷。例如:

How many winter days have I seen him,standing blue nosed in the snow and east wind.

(Charles Dickens:*David Copperfield*)

许多冬日,我总是看见他鼻子冻得发紫,站在飞雪和寒风里。

而从大西洋吹来的 west wind 则是温暖的,其象征着春天的到来,深受人们的喜爱。例如,英国浪漫主义诗人雪莱(Shelley)的名句"O,wind,if winter comes,can spring be far behind?"表达了对春天的期盼,也表达了对未来美好的憧憬。

中国东临太平洋,西接亚洲腹地,从东边刮来的风温暖湿润,而从西边刮来的风干燥寒冷。所以,东风在汉语中多指"春风",象征的是"春天"和"温暖"。自古以来,中国人就对东风情有独钟。例如:

东风里,朱门映柳,低按小秦筝。

(秦观《满庭芳》)

桃未芳菲杏未红,冲寒先喜笑东风。

(曹雪芹《红楼梦》第五十回)

多种族,如弟兄,千秋万岁颂东风。

(郭沫若《新华颂》)

在革命战争年代,东风常用来喻指"革命的力量或气势"。毛泽东留下"东风压倒西风"的著名论断,暗示革命力量必然压倒反动势力。

西风在汉语中则象征"寒冷",它会使人瑟瑟发抖,因而多用于贬义。这在中国的古诗词中就有所体现。例如:

遥夜泛清瑟,西风生翠萝。残萤栖玉露,早雁拂金河。

(许浑《早秋》)

飒飒西风满院栽,蕊寒香冷蝶难来。

(黄巢《题菊花》)

昨夜西风凋碧树,独上高楼,望尽天涯路。

(晏殊《蝶恋花·槛菊愁烟兰泣露》)

### 2. 体现人物行为特征的差异

英汉民族还常用风来表示人物行为特征,但在这方面也存在一定的差异。

西方人比较注重个体的人格,因此人们常用 wind"虚浮"的这一特点来表示人的虚荣和自负。例如:

He is all puff up with wind.

他自以为非常了不起。

在汉语中，也用"风"来表示"虚浮"，但主要用来形容语言，基本不用来形容人。

在汉语文化中，风有着"清白、高尚"的象征意义，这实际上与风随意、率性的自然属性有关。中国人向来十分崇敬君子坦荡荡的作风，所以也常用"风"来喻指君子的磊落行为，如"风范""风姿""高风亮节""两袖清风"等都是赞扬君子美德的词语。

### 3. 文化空缺

在英汉民族中，关于"风"还存在文化空缺现象。

首先，汉语中的"风"还存在一些英语中的 wind 不存在的文化含义。具体体现在以下几个方面。

（1）表示人的思念之情。例如：

此去与师谁共到，一船明月一帆风。

（韦庄《送日本国僧敬龙归》）

这里的"风"表达了诗人对友人的不舍以及良好祝愿。

（2）表示人的形态之美。

泪光点点，娇喘微微。娴静时如姣花照水，行动处似弱柳扶风。

（曹雪芹《红楼梦》第三回）

这里"弱柳扶风"充分显示了黛玉行动时风姿绰约的体态。

（3）表示远道而来的朋友。例如：

忙又引了拜见贾母，将人情土物各种酬献了。合家俱厮见过，忙又治席接风。

（曹雪芹《红楼梦》第四回）

在汉语文化中，"接风"是指设宴款待远道而来的朋友。

（4）表示风采才华。例如：

数风流人物，还看今朝。

（毛泽东《沁园春·雪》）

在这里,"风流人物"是指富有才华的人物。

其次,英语中的 wind 也有一些汉语中的"风"所不存在的含义。具体体现在以下几个方面。

(1)表示担心、害怕、紧张等情绪。例如:

Two men blocking the path put the wind up her.

两个人堵住路使她担惊受怕。

She put on her hick southern drawl she used to wind up my dad.

她开始说以前故意惹爸爸生气的西南部口音。

(2)表示蜿蜒的、缠绕、上发条等。例如:

The stream wound its way through the village.

这条小溪沿着村庄蜿蜒着。

She asked me to wind the wool for her.

她让我帮她绕毛线。

Tom wound his clock before he went to bed.

汤姆在上床之前给钟上发条。


## 二、英汉风文化翻译

关于英汉风文化的翻译,需要在充分了解他们文化内涵的基础上,选用恰当的翻译方法。具体而言,英汉风文化的翻译可以采用以下两种方法。

### (一)直译法

直译是常见的一种翻译方法,采用直译法进行翻译可最大限度地保留原文风格和文化,而且通过直译译文,读者可直观感受原文的文化特色。例如:

It's warm wind, the west wind, full of birds' cries,

I never hear the west wind but tears are in my eyes,

For it comes from the west lands, the old brown hill,

And April's in the west wind, and daffodils.

(John Masefield: The West Wind)

那是一种温暖的风,西风吹时,万鸟争鸣;

一听西风起,我眼眶中泪盈盈,

因为它是来自西土,那褐色的故乡边,

春天就在西风中到来,还有水仙。

（钱歌川 译）

本例的翻译采取了直译法,将诗人对故乡的思念淋漓尽致地传译给了译入语读者。

偏那秦钟的禀赋最弱,因在郊外受了些**风霜**,又与智能儿偷期缱绻,未免失于调养,回来时便咳嗽伤风,懒进饮食,大有不胜之态,遂不敢出门,只在家中养息。

（曹雪芹《红楼梦》第十六回）

But unfortunately Qin Zhong's always sickly constitution had been too much neglected during their two-day excursion into the country, and the unwonted exposure to **wind and cold** and immoderate indulgence in secret frolic with Sapientia has resulted on his return in a cough and chill accompanied by total loss of appetite. Altogether he presented so sorry a spectacle that study was quite out of the question and they were obliged to send him back home to bed.

（霍克斯 译）

原文中"受了些风霜"的通俗含义就是因风受凉,对此译者直接将"风霜"译为 wind and cold,简洁明了地传达了原文含义,而且也不会影响读者的理解。

（二）意译法

"风"有着丰富的文化含义,在翻译过程中可使用意译法,一方面可以传译原文的深层内涵,另一方面可带领译入语读者领略原文的意境。例如:

Thine azure sister of the spring shall blow

Her clarion o'er the dreaming earth

（James Shirley: *Ode to the West Wind*）

但一朝，你那东风妹妹回来，为沉睡的大地吹响银号。

（王佐良 译）

本例中，王佐良将 sister of the spring 意译为"东风妹妹"，既与诗歌主题"西风颂"相呼应，又与汉语的表达习惯相一致。

吾居离恨天之上，灌愁海之中，乃放春山谴香洞太虚幻境警幻仙姑是也：司人间之**风情**月债，掌尘世之女怨男痴。因近来**风流冤孽**，缠绵于此处，是以前来访察机会，布散相思。

（曹雪芹《红楼梦》第五回）

"My home is above the Sphere of Parting Sorrow in the Sea of Brimming Grief,"she answered with a smile. "I am the Goddess of Disenchantment from the Grotto of Emanating Fragrance on the Mountain of Expanding Spring in the Illusory Land of Great Void. I preside over **romances** and unrequited love on earth, the grief of women and the passion of men in the mundane world. **The reincarnations of some former lovers** have recently gathered here, and so I have come to look for a chance to mete out love and longing. "

（杨宪益、戴乃迭 译）

在汉语中，"风情"是指男女恋爱的情怀，"风流"在这里是指男女风情事。如果采用直译法进行翻译，英语读者将很难理解。对此，译者舍弃了原文形象，采用意译法将"风情"和"风流"译为 romances 和 the reincarnations of some former lovers，准确传达了原文含义。

（三）直译加注释

有时为了避免读者产生不必要的误解，在翻译的过程中也可以对"东风""西风"进行适当的处理。例如：

闲愁万种。无语怨**东风**。

（王实甫《西厢记》）

I am saddened by a myriad petty woes

And，though I speak not，

I am angry,

At the **breezes from the east.**

（Henry Hart 译）

breezes from the east：The east wind is symbolic of spring，with its urge to love and mating.

# 第二节　山水文化对比与翻译

山和水本是客观世界的产物,人类通过对山水的观察,将自身的情感映射其中,从而在语言中形成了各具特点的山水文化概念。本节将对英汉山水文化进行对比分析,并在此基础上探讨其翻译情况。

## 一、英汉山文化对比与翻译

### (一)英汉山文化对比

在英汉语言中,mountain 和"山"本义基本相同,都指的是一种自然事物,代表着人们生存的环境。但因地理位置、文化历史的差异,英汉民族的人们对山这一客观事物有着不同的认知和联想,因此也就产生了不同的山文化。总体而言,相较于英语中mountain 所蕴含的文化内涵,汉语中"山"所蕴含的文化内涵更为丰富。下面就对英汉山文化进行对比分析。

1. 英语中的山文化

(1)表示"地面形成的高耸部分"。例如：

mountain areas 山区

mountain top 山顶

mountain ridge 山岭

（2）表示"许多、大量"。例如：

a mountain of work 堆成山的工作

grain mountain 堆成山的谷物

（3）比喻"费力，任务艰难"。例如：

English is his mountain.

英语是他的高山。

可以看出，mountain 在英语中并没有太多的文化寓意和象征意义。这是因为英国四面环海，属于岛国，在英国的经济发展过程中，人们更多地依赖于海，所以形成的文化是典型的"海洋文化"，山并没有多少文化义项。

## 2. 汉语中的山文化

中国幅员辽阔，地貌类型多样，而且山地多于平地，山是中国地理环境范畴中的典型成员。中国文化与山处处结缘，古人素来对高山有敬仰之情，"高山仰止"即是反映。具体而言，山文化在中国传统文化中有着重要的地位，蕴含着丰富的象征意义，主要体现为以下几个方面。

（1）展现磅礴的气势

巍峨的高山总给人一种磅礴、雄浑的气势，这在我国古诗词中体现得尤为明显。例如：

### 凉州词

#### 唐·王之涣

黄河远上白云间，一片孤城万仞山。

羌笛何须怨杨柳，春风不度玉门关。

（2）象征永恒

山具有稳定性，即使时间不断推移，山也不会随之发生变化。所以，古人常用山来比喻国家和朝代，如"万里江山""江山社稷"等。

（3）表达阻隔、离别与思乡之情

山峰辽阔，山峦重叠，给人一种阻隔之感，阻挡了游子归家的步伐，因此古代文人经常使用山来表达一种思乡之情。例如：

独自莫凭栏，无限江山。别时容易见时难。

　　　　　（李煜《浪淘沙令·帘外雨潺潺》）

天涯旧恨，试看几许消魂？长亭门外山重叠。

　　　　　（张元干《石州慢·寒水依痕》）

楚天千里清秋，水随天去秋无际。遥岑远目，献愁供恨，玉簪螺髻。落日楼头，断鸿声里，江南游子。

　　　　　（辛弃疾《水龙吟·登建康赏心亭》）

（4）象征女子的美貌

山连绵起伏，线条优美，有着婀娜多姿的形态，所以中国的文人雅士常用山的意象来喻指女子的美貌。例如：

小山重叠金明灭，鬓云欲度香腮雪。

　　　　　（温庭筠《菩萨蛮·小山重叠金明灭》）

（5）象征爱情

山一直屹立不倒，亘古不变，具有稳定性特征，所以常用来比喻坚贞不渝的爱情。例如：

**菩萨蛮·枕前发尽千般愿**

五代·佚名

枕前发尽千般愿，要休且待青山烂。

水面上秤锤浮，直待黄河彻底枯。

（6）象征隐逸

出于对大自然的热爱，或者因人生失意、仕途不畅等，古代文人雅士常常遁迹山林，寻求心灵上的解放，因此山就有了闲情隐逸的文化内涵。例如：

**饮酒**（其五）

魏晋·陶渊明

采菊东篱下，悠然见南山。

山气日夕佳，飞鸟相与还。

（二）英汉山文化翻译

1. 英语中山文化的翻译

由上文可知，英语中的山并没有十分丰富的文化含义，多是

对客观事物的描写,因此在翻译的时候可采用直译法,直接译出其意象即可。例如:

Father is higher than the mountains,mother deeper than the sea.

父恩比山高,母恩比海深。

### 2. 汉语中山文化的翻译

(1)直译法

山的文化意象再丰富,也源于山本身的物理特征,而这些物理特征又被西方人所共识,因此在翻译时可采用直译法,通过上下文语境西方读者也能理解山的文化内涵。例如:

枕前发尽千般愿,

要休且待**青山**烂。

水面上秤锤浮,

直待黄河彻底枯。

(唐无名氏《菩萨蛮》)

On the pillow we make a thousand rows,and say

Our love will last unless green mountains rot away,

On the water can float a lump of lead,

The Yellow River dries up to the very bed.

(许渊冲 译)

译者采用直译法将"青山"译为 green hills,这样既能表达原文形象,也便于读者理解。

### 3. 着色法

山会随着季节以及光照的变化呈现不同的颜色。在对山进行描写时,作者常会通过山的色彩来创造不同的意境。在翻译时,译者就可以从山的颜色入手,进而准确传达原文的含义与情感。例如:

天平山上白云泉,云自无心水自闲。

何必奔冲山下去,更添波浪向人间。

(白居易《白云泉》)

Behold the White Cloud Fountain on the Sky-blue Mountain!

White clouds enjoy free pleasure; water enjoys leisure.

Why should the torrent dash down from the mountain high,

And overflow the human world with waves far and nigh?

(许渊冲 译)

译者采用着色法将"天平山"译为 Sky-blue Mountain(天蓝色的山),不仅与"白云泉"颜色相搭配,而且将原文中和谐、宁静的氛围充分地表达了出来。

## 二、英汉水文化对比与翻译

水作为生命之源,在整个人类文化发展史中发挥着重要的作用,它是人类得以生存和延续的物质基础。因地理环境以及历史背景的不同,英汉民族对水有着不同的情怀,由此形成了不同的水文化。

### (一)英汉水文化对比

#### 1. 英语中的水文化

英国属于一个岛国,这样的地理环境促使其形成了发达的海洋渔业文明。早期的英国人为了生存,必须与气候恶劣的海洋环境相抗争。这种与海洋抗争的过程使英国人形成了一种探索自然、征服自然的民族性格。由此,"海"在英语表达中就有了探索、征服自然的文化象征意义。作为"海上民族"的西方人对海十分眷恋,也正是由于对海的眷恋,所以从中获得了许多的人生感悟。例如:

all plain/smooth sailing 一帆风顺

be(all)at sea 在海上,航海中;茫然的,迷惑的

high water mark of 全盛时期,最高峰

Any one can hold the helm when the sea is calm.

在风平浪静的大海上人人都可以掌舵。

### 2. 汉语中的水文化

相较于英国的海洋文明，中华文明属于一种大河文明，水总能引起中国人丰富的联想，也被中国人赋予了丰富的文化含义，具体体现在以下几个方面。

（1）比喻易逝不返的时光

流水一去不复返，比喻人生易逝，比较短暂。例如：

君不见，黄河之水天上来，奔流到海不复回。

君不见，高堂明镜悲白发，朝如青丝暮成雪。

黄河之水从天而降，奔向大海，不再回环，人生也如同大海奔流一样，如此短暂，朝朝暮暮之间就满头白发。形容一个人的青春短暂，一去不复返。

（2）比喻离别

古人一般会临江作诗送别亲人、朋友，表达对亲人、朋友即将远行的离别愁绪。例如：

梳洗罢，

独倚望江楼。

过尽千帆皆不是，

斜晖脉脉水悠悠，

肠断白苹洲。

在这首诗中，悠悠流水中倒映着余晖，映射出妇人期待丈夫归来的寂寞情感。

（3）比喻剪不断的愁绪

古代的诗人有着兼济天下的抱负和理想，但是在现实中往往遭遇坎坷，人生不得志，一生穷困潦倒。而流水的潺潺恰好能够形容这种心情挥之不去。例如：

问君能有几多愁，恰似一江春水向东流。

这句话表达了南后主李煜的亡国之愁。

（4）象征爱情

水连绵悠长，好似爱情之地久天长，因此人们常用水来象征爱情。例如：

关关雎鸠，在河之洲；窈窕淑女，君子好逑。

（二）英汉水文化翻译

**1. 英语中水文化的翻译**

相对而言，水在英语中的文化意象并没有那么丰富，多是作者表达所见所闻、抒发情感的重要意象。针对这种水文化概念，在对其进行翻译时，译者可采用直译法。例如：

Water is the eye of landscape.

水是风景的眼睛。

**2. 汉语中水文化的翻译**

**（1）直译法**

直译法是一种常见的翻译方法，在翻译汉语中的水文化时，有时也可以采用直译法，也就是说"水"可直译为 water，river，stream，直译后"水"的文化内涵会基本得以保留。例如：

**望庐山瀑布**

李白

日照香炉生紫烟，遥望瀑布挂前川。

飞流直下三千尺，疑是**银河**落九天。

**CATARACT ON MOUNT LU**

Li Bai

The sunlit Censer perk exhales a wreath of cloud;

Like an upended **stream** the cataract sounds loud.

Its torrent dashes down three thousand feet from high;

As if the **Silver River** fell from azure sky.

（许渊冲 译）

（2）转移法

水具有灵动性,这种特性会给人带来丰富的审美和创造空间,同时会让人产生一些理解空白。为了填补这些空白,并将水的烘托效果充分表达出来,译者可采用转译法进行翻译,也就是在句内进行一些语义转移。例如:

丹阳郭里送行舟,一别心知两地秋。

日晚江南望江北,寒鸦飞尽水悠悠。

（严维《丹阳送韦参军》）

At the outer wall of Danyang, I see your boat go,

Knowing in both hearts of our sorrows will grow,

From the south of the river I look at the north,

And only see crows flying over the cold waterflow.

（陈君朴 译）

原文充满了离情别绪,并通过水这一物象进行烘托。为了将这种艺术美感充分表现出来,译者将"寒"的语义转移到了江水之上,将其译为 cold waterflow,充分地表现了作者的凄凉与失落之感。

（3）化隐为显法

中国文人常借助水来委婉地抒发情感,而很少直接表达。为了便于读者充分理解原文含义,译者可以采用化隐为显法将原文中的隐性信息传达出来。例如:

南苑吹花,西楼题叶,故园欢事重重。凭阑秋思,闲记旧相逢。几处歌云梦雨,可怜便、汉水西东。别来久,浅情未有,锦字系征鸿。

（晏几道《满庭芳·南苑吹花》）

In western garden wafted flower,

Verse was made on leaves in western bowers.

O joy on joy in days of yore!

Leaning on railings in the fall,

At leisure I recall

The songsters whom I met before.

Her songs of cloud and flower vanish like a dream;

Alas! We're east and west like running stream,

The fickle left me long

And sent me not a word by wild geese's song.

（许渊冲 译）

原文中的"可怜便、汉水西东"属于隐性信息,为了将其中的审美特质与伤感情绪较好地传递给读者,译者进行了显化处理,将其译为 We are east and west like running stream(我们就像流水般各奔东西)。

(4)替代法

水在汉语中的文化内涵十分丰富,有时很难直接用英语来表达,在对其进行翻译时可以尝试采用替换法,这样可以有效消除语言障碍,还能让读者感受到原文的意境。例如:

空山新雨后,天气晚来秋。

明月松间照,清泉石上流。

（王维《山居秋暝》）

After the rain had bathed the desolate mountain,

The fresh evening air blows the breath of autumn.

Into the forest of pines the moon sheds her lights;

Over the glistening rocks the spring water glides.

（许渊冲 译）

译者并没有将原文中的"流"翻译为 flow,而是替代为 glide(滑动),从而将水的灵动、轻盈表现得惟妙惟肖,这样可以便于读者更加深切地体会原文的美好意境。

# 第三节　季节文化对比与翻译

英汉民族身处不同的地理环境,因此有着不同的季节变化和季节文化。本节首先对英汉季节文化进行对比分析,然后探讨它们的翻译。

# 一、英汉季节文化对比

## （一）直接意义对比

直接意义指表示能指与所指之间对应关系的意义，其内容比较稳定。就英汉季节词汇的直接意义而言，它们具有重叠的部分。例如，汉语中的"春"指的是一年中的第一季节，一般指立春到立夏之间的三个月时间。英语中的 spring 指的是 the season of the year between winter and summer。汉语中的"秋"是夏季与冬季之间的一个季节，一般指从立秋到立冬的三个月时间。英语中的 autumn 指的是 the season of the year between summer and winter。从这些释义中可以看出，汉语词"春"和"秋"比英语词 spring 和 autumn 的概念要明确而特定，但从直指意义上来讲，"春"与 spring、"秋"与 autumn 是基本吻合的。

## （二）联想意义对比

联想意义是指产生于某一词语所指的联想。就联想意义而言，英汉季节文化既有相同之处，也有不同之处。这里以"春"和 spring 为例进行说明。

在英汉语言中，"春"有"甜蜜、美好、幸福"的联想意义。在春天这一季节，正是草长莺飞、山花烂漫的美好时节，总会让人联想到欢乐、甜美、幸福和繁荣。例如，杜甫的《绝句》："迟日江山丽，春风花草香。泥融飞燕子，沙暖睡鸳鸯。"绘制了一副春光明媚，江山秀丽，春风送暖，花草飘香的美图。王维的《鸟鸣涧》："人闲桂花落，夜静春山空。月出惊山鸟，时鸣春涧中。"展现了一幅幽静恬人的春山月夜的图画。贺知章《咏柳》："碧玉妆成一树高，万条垂下绿丝绦。不知细叶谁裁出，二月春风似剪刀。"把杨柳比作婀娜的美女，形象地描绘出枝条细柔修长的杨柳摇摆于春风之中的迷人姿态。

在英语中,也有很多歌颂"春"之欢乐和美好的诗歌。托马斯·纳什(Thomas Nashe)的 *Spring, the Sweet Spring* 能让人闻到芬芳的气息,感觉到春天的微寒,听到鸟儿的鸣叫,看到满山奔跑的羊羔。诗中所有的一切建构了一幅春回大地的甜美画面。

在英汉语言中,"春"还有"生机、希望"的联想意义。春季来临,气温回升,大地万物开始复苏。在汉语中能找到很多用"春"来喻指生机和希望的表达,如"枯木再春""万木争春""万古长春"等。而英语中也有像英国诗人雪莱"If winter comes, can spring be far behind"这样表达乐观和希望的著名诗句。

在英汉语言中,"春"还表示"青春、活力"。例如,"青春正旺""迎接学术的春天"等诸如此类的表达中的"春"都有"青春、活力"之意。英语中也有很多表达这一联想意义的表达,如 the spring (the spring time) of life(青春时代、年轻时期),springald(活泼的年轻人)等。

汉语中的"春"还比喻"岁月、年龄",如"虚度青春",还可以与"秋"合用表示"年龄"或"一年"。英语中的 spring 只能笼统表示"年轻时期",不能表示具体的一年。

由上述内容可以看出,英汉季节词的联想意义有同有异,"空缺"与"偶合"并存。

(三)载蓄意义对比

载蓄意义是指蕴含着社会文化的附加意义,是词语的历史文化的沉淀,反映着民族传统文化。英汉季节词在载蓄意义上的差异,在"夏、秋"和 summer, autumn 中表现得十分明显。

在中国,"夏"常会使人联想到"赤日炎炎""夏日可畏"。但是在英国,summer 是最温馨宜人的季节,温暖而不炎热,所以有很多表达夏天"温和、美好"这一载蓄意义的诗歌。例如:

将青春比作"夏日朝霞":

Youth like summer more.

Youth like summer brave.

将爱人比作"夏天":

Shall I compare thee to a summer's day?

Thou art more lovely and more temperate.

夏天是欢乐多彩的:

We had not to took back on summer joys.

Or forward to a summer of bright dye.

可以看出,summer 与"春"极其相似。

再如"秋"和 autumn。秋天来到,意味着寒冷即将到来,一想到秋天,人们总会产生淡淡的忧伤。所以,中国文人常常将"思念、哀愁、悲伤"等与"秋"联系在一起。例如,柳宗元的"海畔尖山似剑芒,秋来处处割愁肠",秋瑾的"秋风秋雨愁煞人,寒宵独坐心如捣"等。

但是英语文化中的 autumn 并没有悲凉的意味,而是常与"宁静的秋日"联系在一起,人们一提到秋天,就会想到收获、秋风送爽的景象。很多西方作家都赞美了"秋"这一季节。

## 二、英汉季节文化翻译

### (一)直译法

当特定语境中英汉季节词的联想意义和载蓄意义相同或相似时,就可以采用直译法进行翻译。例如:

... Oh wind

If **winter** comes,can **spring** be far behind?

哦,风啊!

冬天既已来临,春天还会远么?

上述是雪莱《西风颂》的末句,也是全诗的主旨所在,表达了诗人的信念。上述译文采用了直译法,这是因为诗中的两个季节词的直接意义和联想意义是相同的。

**春花秋月**何时了,往事知多少。

（李煜《虞美人》）

When will there be more **autumn moon** and **spring flowers**

For me who had so many memorable hours?

(许渊冲 译)

"秋月"虽有怀旧之情,但与"春花"并用,主要是借描绘昔日的美好景色,与此时的生活相对照。这两个季节词与情感词处于统一层面或同一意境中,因此译者采用直译法,直接将其译为 autumn moon 和 spring flowers。

## (二)化译法

所谓化译法,是指根据英汉语言文化所赋予的联想意义和载蓄意义进行实化和虚化。

实化是指根据译入语的习惯,对于原文中没有出现的季节词予以添加,以便译文意义清晰易懂。例如:

O if thou knew'st how thou thyself dost harm,

And dost prejudge thy bliss, and spoil my rest;

Then thou would'st melt the ice out of thy breast

And thy relenting heart would kindly warm.

(W. Alexander)

哦,倘若你知道怎样把自己伤害,

竟预知你的幸福,扰乱我的平静;

那么你胸中的冰块将消融殆尽

你温柔的心肠就会春光一派。

(傅勇林 译)

译者用"春光一派"来译 kindly warm,不仅明白易懂,而且与上文 melt the ice 相连贯。

虚化是指根据译文表达的需要,隐去文中的季节词,也就是变实为虚。例如:

问君能有几多愁,恰似一江**春水**向东流。

(李煜《虞美人》)

If you would ask me how my sorrow has increased,

Just see the over-brimming river flowing east!

（许渊冲 译）

诗人用"一江春水"来形容内心无穷无尽的悲愁，强调悲愁、痛苦之多，为此译者将"春"虚化，更突出了作者的情感，也便于读者理解。

### （三）曲达法

直译法和实化译法结合起来并加以延伸，就是曲达法。具体而言，曲达法就是保留文中的季节词，同时借助增译增添一些词语，增加原文的神韵，从而弥补社会文化上的差异。例如：

心绪逢摇落，**秋声**不可闻。

（苏颋《汾上惊秋》）

What with the forests quaking and the leaves falling, falling, how could I hear this discordant medley of autumn.

（翁显良 译）

"秋声"译为 this discordant medley of autumn（秋天这种嘈杂的声音），不仅与 leaves falling 衔接紧密，而且避免了因英汉"秋声"载蓄意义的不同导致读者产生理解障碍。

### （四）意译法

意译法是有效阐述原文文化的有效方法，采用这种方法利于读者准确理解原文的文化内涵。例如：

记年时、偷掷**春心**，花间隔雾遥相见。

（吕渭老《薄幸·青楼春晚》）

I still remember the that year

I had **ardent love** for him

When I first saw him among the misty flowers afar.

由上述内容可以看出，英汉自然词汇蕴含着丰富的文化，对英汉自然文化进行对比分析并探讨它们的翻译，对于加深英汉民族的认识、促进英汉民族的沟通十分有利。

# 第六章 英汉自然文化对比
## 与翻译(二)

动植物属于自然文化的研究范畴,并且与人类的生活密切相关。因为地域、历史等差异,使得中西方动植物文化也存在诸多差异。本章就英汉自然文化中的动物、植物文化进行对比,并介绍它们的翻译方法。

## 第一节 植物文化对比与翻译

### 一、英汉植物文化对比

#### (一)cucumber 与黄瓜

因为黄瓜能给人以清凉的感觉,食用后口感凉爽。基于这一特点,在英语文化中,就有了 as cool as cucumber(凉若黄瓜)这一表达,意思是当人们遇到困难或者在危险面前应保持镇定的情绪。例如:

You can hardly be held responsible for Darrow waltzing in, cool as a cucumber, and demanding thousands of pounds.

达罗不慌不忙、大摇大摆地走进来,索要几千英镑,这跟你一点关系都没有。

因为黄瓜变老就会褪去绿色,外表也变得发黄,并形成不美观的褶皱,看起来黯淡无光。因此,汉语中就有了"老黄瓜刷绿漆——装嫩"这一歇后语,意思是某人的言行举止超过了本人年龄应该有的标准。例如:

老刘虽是快 60 岁的人了,但穿衣打扮着实讲究。粉衬衫、黄衬衫,颜色越鲜艳,他越喜欢,头发也染成暗红色,并且根根直立。小李背地里笑他是"老黄瓜刷绿漆——装嫩"。

### (二)potato 与土豆

土豆几乎是全世界人们喜欢的食物之一。在英语文化中,potato 具有很多习语,如 a couch potato 指整天沉溺于电视节目、无暇顾及学业的人,a small potato 指不起眼的人物,a hot potato 指棘手的问题。

在日常用语中,potato 常常用于比喻"人、人物"或"美元"。例如:

Stick their potatoes in every office.

把他们的人安插进每一个办公室。

You can get this wonderful coat for 497 potatoes.

花 497 美元,你就可以得到这件漂亮的大衣。

在汉语文化中,土豆几乎没有特别的文化意义。

### (三)apple 与苹果

苹果是人们喜爱的极为常见的水果,所以其喻义极为丰富。在美国,棒球运动十分流行和普及,所以人们会用最为普通的苹果喻指棒球运动。例如:

He likes to play apple.

他喜欢打棒球。

apple 也可以指大城镇,热闹或者可以找到刺激性娱乐的街区,于是纽约被称作 the Big Apple 或者 the Apple 就不足为奇了。例如:

Young musicians are flocking into the Apple.

年轻的音乐家们正涌向纽约。

古时候人们注意到眼睛的瞳孔像苹果,于是就将瞳孔称作 apple of the eye,因为其是人们身体最为重要的器官,所以常常将珍贵或者宠爱的人或物称为 apple of the eye。例如:

"Dick"said the dwarf,thrusting his head in at the door,"my pet,my pupil,the apple of my eye. Hey,hey!"

"狄克,"矮子说着,把头从门口伸进来,"我的心肝,我的徒弟,我的宝贝,嘿,嘿!"

据说,美国乡村有一种风俗:小学生上学时常常给老师带一个擦得很亮的苹果,以表示对老师的尊敬,于是 to polish the apple 由此引申出"送礼、讨好、拍马屁"的意思,这一说法源自20世纪初,直到30年代得以通用,如今喻指曲意奉承、讨好巴结的人或者行为。例如:

Mary is an apple-polisher,she will do anything for the boss.
玛丽是个马屁精,老板叫她干啥她就干啥。

汉语文化中的苹果非常普通,没有英语中那样丰富的文化内涵。在汉语中,因为苹果中的"苹"字与"平"构成了谐音,所以中国人认为苹果有平平安安的寓意。

(四)red bean 和红豆

在英语文化中,red bean 并没有太多的联想意义。通常,red bean 会让人们想到《圣经》中的 Essau,他是为了一碗红豆汤出卖了自己的长子权。所以,英语习语 sell one's birthright for some red-bean stew 的意思就是"为了眼前的微小利益出卖原则,见利忘义"。

在中国,人们常常将红豆称为"相思豆",象征着爱情。汉语中有很多有关红豆的诗句,如王维的《相思》:"红豆生南国,春来发几枝;愿君多采撷,此物最相思。"温庭筠的"玲珑骰子安红豆,入骨相思知不知"等。

(五)daffodil 与黄水仙花

在英语国家的文化中,daffodil 象征欢乐。英美诗人经常用

daffodil 描写春光和欢乐，如莎士比亚（Shakespeare）在《冬之歌》（*Winter*）中写道：*When daffodils begin to peer/With beigh, the doxy over the date/Why, then comes in the sweet o'the year…*抒发了自己的欢乐之情。英国湖畔派诗人华兹华斯也创作过一首诗——《咏水仙》（*The Daffodil*），他将黄灿灿的水仙花比作璀璨的群星和激滟的波光（shining stars and sparkling），足以看出诗人对它的喜爱。

在汉语文化中，黄水仙仅是一种普通的植物，没有任何联想意义。

### （六）rose 与玫瑰花

玫瑰是一种颜色亮丽的花，其香气浓郁，枝干布满密密麻麻的小刺，能够用来做香料。在英语文化中，rose 首先象征着爱情。这一种象征意义也是源自希腊神话，与阿佛洛狄特相爱的阿多尼斯在射杀一头野猪时，被野猪的獠牙刺死，伤心的阿佛洛狄特在奔向恋人时，被一枝白玫瑰刺伤了脚，她流出的献血使白玫瑰变成了鲜艳欲滴的红玫瑰。于是，红玫瑰成了爱情的象征。其次，rose 也象征美人。玫瑰因其娇艳的颜色而被比喻为女子红润的双颊。再次，rose 也象征着秘密。在罗马神话中，丘比特为了隐藏自己的身世，送给沉默之神哈得斯一朵玫瑰花，暗示他帮忙保守秘密。因此，英语中至今仍然沿用着 under the rose 这一短语，表示保守秘密。

在汉语文化中，玫瑰首先也象征爱情。在中国最初表达爱意的花是芍药，后来由于西方文化的引入，玫瑰成为爱情的象征。《诗经·郑风·溱洧》中记载，青年男女在上巳节都会参加在溱洧水边举行的聚会，并且互相赠送芍药以表爱意。如今，中国人在过西方的情人节时，男士也会送给自己喜爱的女士玫瑰花，用于表达爱意。另外，汉语文化中的玫瑰象征着美丽而冷傲的女子。由于玫瑰带刺，中国人常常用带刺的玫瑰形容美丽却不易亲近的女人。例如，《红楼梦》中的兴儿向尤二姐介绍探春时，称她为"玫瑰花",美中带刺。

（七）peony 与牡丹花

英语中的 peony 一词源于希腊神话故事中神医皮恩(Paeon)的名字。传说,皮恩曾经用牡丹的根为天神宙斯(Zeus)之子海克力斯(Hercules)治好了病。于是,在西方文化中,peony 是一种极具魔力的花,特别是其极强的药用功能。另外,欧洲人认为,牡丹花和不带刺的玫瑰是基督教中圣母玛利亚的象征。

在汉语文化中,牡丹象征着华丽、高雅和富贵,这些象征意义在我国传统工艺、美术作品中经常看到。例如,牡丹与芙蓉一起具有"荣华富贵"的含义;牡丹与海棠一起具有"门庭光耀"的含义;牡丹与水仙在一起具有"神仙富贵"的含义;牡丹与长春花一起则具有"富贵长春"的意义(包惠南、包昂,2004)。此外,一些诗人对于牡丹也有着特别的偏爱。例如:

### 赵侍郎看红白牡丹因寄杨状头赞图
唐·殷文圭

迟开都为让群芳,贵地栽成对玉堂。
红艳袅烟疑欲语,素华映月只闻香。
剪裁偏得东风意,淡薄似矜西子妆。
雅称花中为首冠,年年长占断春光。

### 清平调·其二
唐·李白

一枝红艳露凝香,云雨巫山枉断肠。
借问汉宫谁得似,可怜飞燕倚新妆。

（八）lotus 与莲花

在英语文化中,lotus 就是一种很普通的植物。

在汉语文化中,莲花象征可爱、纯洁,深受中国人的喜爱。人们认为可以从莲花的身上感受到一种廉洁正直以及清雅脱俗的气质。于是有了"出淤泥而不染,濯清涟而不妖"的说法。另外,人们也会用"并蒂莲"形容爱情。

（九）apricot 与杏花

在西方文化中，apricot 没有特殊的文化意义，一般指"杏""杏树"和"杏花"。

在汉语文化中，杏（花）具有丰富的内涵。

其一，杏花因为其妖艳、妩媚的外表而象征春意。杏的联想意义在中国古代诗词中并不鲜见。例如：

**游园不值**

叶绍翁

应怜屐齿印苍苔，

小扣柴扉久不开。

春色满园关不住，

一枝红杏出墙来。

其二，在中国古代的民间，人们常用"杏林"比喻医家。有这样一个传说：三国时期，有一位名医为人治病却不收报酬，只求治愈的病人为其种几株杏树，数年后，杏树多达十万余株，蔚然成林。因此，后人称颂医家时常用"誉满杏林""杏林春满"等。

（十）willow 与柳树

在英美文化中，willow 首先象征着悲伤。罗马神话记载，特洛伊王子爱涅阿斯与迦太基的狄多女王相爱，后来因为接到了建造新的罗马城的任务，而被迫离开妻子，狄多女王经常手持柳枝哀伤地等待着丈夫的归来。其次，willow 也代表着死亡。《哈姆莱特》中的"Here is a willow grows aslant a brook, That shows his hoar leaves in the glassy stream"就描写了奥菲利娅死亡前的场景，水边的柳树象征着奥菲利娅走向死亡的命运。直到今天，英国的墓地也会种植大量的柳树，其象征着死亡和对死者的哀悼。此外，willow 也象征女子身材苗条和体态优雅。例如：

Clothes always look good on her became she is so tall and willowy.

她又高又苗条，穿什么都好看。

在汉语文化中，柳树首先可以联想到春天。因为柳树生命力极强，所以几乎随处可见，同时它的生长可以为人们带来春的气息。古人以折柳相送，一方面是希望离开的人像柳树一样顽强，另一方面是表达了"春意常在"的祝福。其次，柳树还象征离愁别绪。柳树最早出现在《诗经·小雅·采薇》中，"昔我往矣，杨柳依依。今我来思，雨雪霏霏。"戍守边关的将士通过回想曾经离开家乡时柳树的婀娜多姿，表达了离家的愁苦情绪。最后，柳树象征着挽留。中国古代有折柳送别的习俗，由于柳与"留"谐音，表达了人们对离人的依依不舍和挽留之意。

（十一）oak 与橡树

橡树（oak）高大挺拔，质地坚硬。在英汉文化中，橡树的意义基本相同。在英语文化中，oak 象征勇敢者、坚强者。例如：

a heart of oak 坚韧不拔者、勇士

Oak may bend but will not break.

像橡树一样坚韧顽强。

在汉语中，橡树也常常用来形容坚强不屈的男性。例如，当代女诗人舒婷在其《致橡树》一诗中就将自己的爱人比喻成一株橡树。

（十二）laurel tree 与月桂树

因为月桂树常年保持绿色、芳香宜人，所以深受人们的喜爱，人们可以用桂枝编制花环。在英汉语言中，月桂树都能让人联想到"胜利、荣誉"和"辉煌成就"。例如：

gain/win/reap one's laurels 比赛（考试）夺冠

look to one's laurels 意识到可能丧失优越的或优势的地位而确保其他地位或声誉

rest on one's laurels 安于成就,不思进取,吃老本

同样,中国封建社会常用"蟾宫折桂"形容举人在科举考试中考中状元。

### (十三)bamboo 与竹子

受地域环境的影响,英美国家的人对 bamboo 没有特殊的情感,认为它仅为一种植物。

在汉语文化中,竹子有着丰富的联想。首先,竹子在中国古代是一种重要的书写记载工具,为古代文字的记录做出了不可估量的贡献。古人在用竹简记录文字之前,是用甲骨类作为文字记录工具的,但是在甲骨上刻写是很困难的。因此,竹简的出现成了中国文字记载技术的一个重大转折,其大大提升了记录的效率,并且携带方便。另外,在汉语文化中,竹子也是一种被人格化的植物,有着特殊的文化含义。例如,空心的竹子代表虚怀若谷的品格;竹子不畏霜雪、四季常青,象征着顽强的生命和青春永驻;竹子的枝弯而不折,是柔中有刚的做人原则;竹子生而有节、竹节必露则象征着高风亮节;而竹子亭亭玉立、婆娑有致的洒脱风采也为人们所欣赏。此外,中国人还用"竹报平安"来祝福平安吉祥。

## 二、英汉植物文化翻译

### (一)直译法

直译法是一种一方面保持原文的内容,另一方面保持原文的形式的翻译方法。当英汉民族对文化内涵相同或者大体相同的对应植物词汇比喻所引起的联想与理解大致相同时,在不影响目的语读者理解的前提下,我们就可以采用保持原有形象的直译法。这样就能在一定程度上保留源语的语言风格与民族色彩,让读者了解源语民族的思维方式与其文化特色,利于文化交流。

实际上，英语中不少比喻词都已在汉语中被广泛使用。例如：

She is really as beautiful as a peach.

她美若桃花。

She is a virgin, a most unspotted lily.

她是个纯洁的少女，是一朵洁白无瑕的百合花。

A tennis final between the first and second seeds is sure to be exciting.

头号种子选手和二号种子选手之间的网球决赛一定非常精彩。

折桂/夺取桂冠 gain/win one's laurels

## （二）直译加注

对不了解西方文化的读者而言，直译也经常使他们困惑。此时，可以在保留原文植物形象的基础上，再阐释其蕴含的文化意义。例如：

as like as two peas in pot 锅里的两粒豆（一模一样）

While it may seem to be painting the lily, I should like to add something to your beautiful drawing.

我想给你漂亮的画上稍加几笔，尽管这也许是为百合花上色，费力不讨好。

A rolling stone gathers no moss.

滚石不生苔。（改行不聚财。）

After a long way, the exhausted enemy held out the olive branch.

经过一场长时间的搏斗之后，敌军筋疲力尽，伸出橄榄枝，表示愿意讲和。

The crafty enemy was ready to launch a new attack while holding out the olive branch.

狡猾的敌人在伸出橄榄枝表示讲和的同时，又在准备发动新的进攻。

## （三）意译法

假如不可能或者没必要用直译法保留源语的表达形式，并且在译语中找不到合适的词语加以套用，即可采用意译法。例如：

full of beans 精神旺盛

peaches and cream 完美无缺

apple of discord 不和的根源

the apple of one's eyes 掌上明珠

Every bean has its black.

凡人各有短处。

potatoes and roses 粗茶淡饭

separate the wheat from the chaff 区别良莠

harass the cherries 骚扰新兵

He is practically off his onion about her.

他对她简直是神魂颠倒。

If you lie upon roses when young, you lic upon thorns when you old.

少壮不努力，老大徒伤悲。

A bad apple spoils the barrel.

一粒老鼠屎，坏了一锅粥。

The population mushroomed in the postwar decades.

战后数十年里人口快速增长。

He seems full of beans this morning.

他今天上午似乎兴致勃勃，精力充沛。

世外桃源 earthly paradise

眠花卧柳 fond of the company of singsong girls

望梅止渴 to feed on fancies

胸有成竹 have a well-thought-out plan

种瓜得瓜，种豆得豆。

As you sow, so you will reap.

### （四）套用或替代法

英语中一些独特的表达方式有时很难为汉民族所理解，而汉民族又有与其对应的类似效果的表达式，因此可以采取改变形象的译法，即套用或者替代法。例如：

apple of one's eye 掌上明珠

come out smelling of roses 出淤泥而不染

potatoes and roses 粗茶淡饭

spring up like mushrooms 雨后春笋

as red as a rose 艳若桃李

He is but a dead sea apple.

他不过是金玉其外，败絮其中。

Your new computer is such a "lemon" and doesn't work properly.

你这台新电脑真是个"蹩脚货"，根本就不好用。

# 第二节　动物文化对比与翻译

## 一、英汉动物文化对比

### （一）dragon 与龙

在西方文化中，dragon 有着类似于狮子的身体，长着两只巨大的翅膀、四条腿和一个像马的头，身上有鳞，尾巴长且蜿蜒，嘴巴能喷火，有着强大的力量和魔法能力，象征邪恶。《圣经》中与上帝作对的魔鬼撒旦（Satan）就被称作 the great dragon。

在中国，龙一直是被人们崇拜的神异动物。传说中，中国的龙角像鹿，头像骆驼，眼睛像兔，脖子像蛇，腹部像蜃，身上有鱼那样的鳞，爪子如鹰，手掌像老虎，耳朵像牛。在中国人心中，龙有着极高的本领,可以呼风唤雨,上天入地。因此,龙成了中国的图腾,"龙的传人"就成了中国人给自己的一个标签。在中国几千年的历史中,龙代表皇权,皇帝叫作"真龙天子",只有皇帝可以用带有龙的器物。于是,汉语中有了大量含有龙的词语。例如:

望子成龙

龙飞凤舞

龙马精神

车水马龙

卧虎藏龙

龙争虎斗

降龙伏虎

（二）phoenix 与凤凰

在西方神话中,phoenix 有"再生""复活"的意思。在中国古代传说中,凤凰也是一种神异的动物,并且由凤凰引申的喻义均为褒义。例如:

凤毛麟角

人中龙凤

（三）dog 与狗

在西方人眼中,dog 是人类忠实的朋友。狗可以协助主人打猎、看家护院,是人们生活中的得力助手,也被看成是家里的一员。因此,英语 dog 常形容美好的事物,其比喻义几乎都是褒义的。在英语中,以狗拟人的用法相当普遍。例如:

lucky dog 幸运儿

Love me,love my dog 爱屋及乌

假如 dog 之前的修饰语为贬义,那么构成的短语也为贬义。例如:

surly dog 脾气暴躁的人

sly dog 阴险的人

dirty dog 卑鄙小人；色鬼

在中国的传统文化中,狗是一种低贱的动物,象征品行不端,是经常受到谩骂的东西,不被人尊重。狗常常会引起不好的联想,所以与狗有关的词语也经常为贬义。例如:

"看门狗""狗腿子""走狗"(比喻恶人坏事的帮凶)

"哈巴狗"(比喻谄媚的人)

"狼心狗肺"(比喻恶毒的人心)

"狗仗人势"(比喻势利的人)

但是,狗忠实、护主、可靠的特点在汉语文化中也获得了一些赞美。

例如,"义犬救主""犬马之劳"均比喻勇敢忠诚的臣民,"狡兔死,良狗烹"用来比喻为那些统治者效劳的人最后反而落得被抛弃的下场。又如,汉语中有一句广为流传的俗语,叫作"儿不嫌母丑,狗不嫌家贫"。再如,在以前生存环境恶劣、物质生活不丰富的社会背景下,农村刚出生的婴儿存活率低,所以人们为了求得孩子的健康成长,就兴起了给孩子以动物名字作为小名的风俗,狗就是其中的一种,像二狗子、狗蛋儿就是典型例子。在中国民间,还流行着"猫来穷,狗来富"的说法,认为狗是财富来临的预兆。

在中国,不同的地区有不同的文化,但经过长期的相互融合基本达成了共识。可见,狗在汉语文化中既有贬义,也有褒义。

## (四)cat 与猫

在英语国家中,cat 是一种很常见的动物,也被当作家庭宠物来饲养。与猫有关的短语也有很多。例如:

a gloved cat catches no mice（比喻人不愿吃苦成不了大事业）

like a cat has nine lives（比喻吉人自有天相）

care killed the cat（比喻忧虑伤身）

cats hide their claws（比喻知人知面不知心）

like a cat on hot bricks（比喻很紧张）

cat-and-dog life（以吵架度日）

purest the cat among the pigeons（比喻招致麻烦的人或物）

the cat shuts its eyes when stealing cream（比喻自欺欺人）

curiosity killed the cat（好奇害死猫）

a cat in hell's chance（比喻没有机会）

可见，英语中带有 cat 的语句有的为褒义，有的为贬义，英语文化中赋予了"猫"丰富的联想。但是，西方人特别怕见到黑色的猫，尤其对英国人来说，他们认为黑猫与女巫、厄运有着紧密的联系。英国古代的传说还认为，黑猫就是邪恶的女巫变化而来的。所以，英语中的"cat"还可以指"心地狠毒的女人"，如"She is a cat（她是个不安好心的女人）"。

中国人自古就有爱猫、养猫的传统，"猫"在我国已经有了相当长的历史。

因为在汉语中"猫蝶"与"耄耋"构成了谐音，而古代的"耄耋"指长寿的老人，所以小猫扑彩蝶配以红色牡丹这种传统图案在我国往往寓意着长寿和富贵。民间还流传着"猫有五福""猫入福地"等说法，"五福"即为"长寿""富贵""康宁""好德""善终"，"五福"合起来就构成了幸福美满的人生，"德"是五福的核心。因此，中国人特别注重乐善好施、救生积德，在一些地区如今还保留着为流浪猫开一扇窗户、留一碗餐食的风俗习惯，甚至有个别地方将"猫"当成神，家家供着"招财猫"。

与西方国家不同，中国的"猫"特别是"黑猫"寓意着吉祥。道家认为，黑猫为阳性，可以阻止一些害人的鬼怪靠近自己，也可以为主人带来吉祥，所以古代的富贵人家有养黑猫或者摆放相关饰品来辟邪的习惯。

《礼记》记载："古之君子，使之必报之——迎猫，为其食田鼠也。"可见，正是因为猫可以捕捉老鼠保护人类的庄稼、为人类造福，所以自古中国人就特别喜爱猫，在祷告丰年时会祭祀猫。

（五）cock 与鸡

在英语文化中，cock 象征骄傲，as proud as a cock；而 chicken

象征胆小鬼、懦夫,如"He is a chicken."(他是个胆小鬼)。

汉语中有很多含有鸡的词语,如"金鸡报晓""鸡年大吉""金鸡独立"等,这些词语均有祝福的意思。在中国,鸡意味着守时,"金鸡报晓"表面意思是天要亮了,深层含义是摆脱黑暗的束缚,走向光明。因为古代的计时工具极为简陋,虽然也能记录时间,但无法准时提醒人们,所以每当金鸡报晓,人们就开始了一天的生活。另外,鸡是人们生活中极为常见的家禽,所以也被看成是平凡的象征。此外,含有鸡的词语还表示偷偷摸摸、手脚不干净的行为,常常与"狗"连用。例如:

鸡鸣狗盗

偷鸡摸狗

## (六)pig 与猪

在英语中,pig 表示肮脏而丑陋,让人讨厌,其喻义为"懒""馋""贪""笨"。在英语中,a pig 的意思是 a greedy,dirty or bad-mannered person,喻指贪婪、懒惰、肮脏的人。英语中有很多含有 pig 的习语,多数都为贬义。例如:

eat like a pig 喧闹而贪婪地大吃大喝

make a pig of oneself 狼吞虎咽

pigs in clover 行为卑鄙或粗鲁的有钱人

what do you expect from a pig but a grunt 狗嘴里吐不出来象牙

buy a pig in a poke 未经过目而轻率买下的东西

汉语文化中猪的形象和喻义与英语中的基本相同,表示愚蠢、丑陋、好吃懒做等意思。例如:

蠢猪

猪头猪脑

## (七)lion(狮子)与 tiger(老虎)

在西方,lion 被认为是百兽之王,其形象是勇敢、凶猛和威严,英国人将狮子当作自己国家的象征,The British Lion 指英国。

Lion 喻指"名人、名流之士",a literary lion 是文学界的名人。英语中有大量含有 lion 的词语。例如:

beard the lion in his den 在狮穴捋狮须(意思是在太岁头上动土)

the lion's share 最大的份额/几乎全部

as brave as lion 如狮子般勇敢

在汉语文化中,狮子并没有特殊的喻义。与其有类似威望的动物是老虎。英语中的 lion 和汉语中的"老虎"经常可以互相替换。例如:

like an ass in a lion's skin 狐假虎威

a lion in the way 拦路虎

one should not twist a lion's tail 老虎屁股摸不得

在中国人心中,老虎有两方面的含义:一是百兽之王,勇猛威武、健壮有力、英勇果断。例如:

虎将

虎背熊腰

虎父无犬子

二是凶猛残忍、冷酷无情。例如:

虎视眈眈

虎毒不食子

伴君如伴虎

tiger 在英语中有"生气、活力"的意思,如 East Asian Tigers(东亚老虎),four economic tigers in Asia(亚洲经济四小龙)等。

(八)bull 与牛

在西方人看来,bull 性情暴烈,桀骜不驯,横冲直撞,强健好斗,如 a bull in a china shop 形容人举止粗鲁、行为莽撞、动辄闯祸、招惹麻烦。在经济领域中,bull 指证券市场中买进股票的投机图利者或对股市行情持乐观态度的炒股者。例如:

bull market 涨市/牛市

to bull the market 使行情上涨

to bull the shares 哄抬股价

在中国文化中,牛身体庞大,力量巨大,整日帮助人类劳动,有着无私奉献的精神,深受人们的喜爱。

### (九)rat,mouse 与鼠

在西方文化中,rat 和 mouse 不是一种受欢迎的动物,其经常用来形容那些自私的、不忠的人。例如:

smell a rat 对……觉得可疑,感到事情不妙

A rat crossing the street is chased by all.

过街老鼠,人人喊打。

即便如此,老鼠在西方文化中的形象还是以胆小、安静为主,所以经常用来形容胆小、害羞的人。例如:

as timid as a mouse 胆小如鼠

as mute/quiet/silent/still as a mouse 悄没声儿

He's such a mouse,he never dares complain about anything.

他很胆小,从来不敢抱怨什么。

但是,在西方艺术作品中,老鼠的形象备受小朋友的喜爱。例如,在经典动画片 *Tom and Jerry*《猫和老鼠》中,Jerry 就是一只非常聪明、机灵、调皮、可爱的老鼠,总是用各种办法让 Tom 猫吃尽苦头。而 Mickey Mouse(米老鼠)更受到小朋友甚至一些大人的喜爱。[①]

在中国文化中,老鼠始终都是一种不被喜欢的动物。不仅因为其长相丑陋,偷吃人类的食物,还因为其会破坏家具,传染病菌,所以人们憎恨它。汉语中关于老鼠的负面表达也随处可见。例如:

胆小如鼠

鼠目寸光

---

① 林泠."鼠"的词汇和谚语中英文比较[J].琼州学院学报,2008,(3):120.

官仓老鼠

鼠肚鸡肠

贼眉鼠眼

抱头鼠窜

《诗经·硕鼠》中也痛斥了老鼠的恶行:"硕鼠硕鼠,无食我黍!三岁贯女,莫我肯顾。逝将去女,适彼乐土。乐土乐土,爰得我所!"因而人们也常将憎恶之人比作"过街老鼠"——人人喊打。

(十)peacock 与孔雀

在西方社会中,peacock 源于希腊传说,相传是天后赫拉的神鸟,所以被视为赫拉女神的象征。早期的基督教徒认为 peacock 是耶稣复活的象征。因为孔雀行走时,总是昂首阔步,一幅很傲慢的样子,所以常用来表示"骄傲、虚荣"的含义。英语中的 peacock 经常含有贬义,如莎士比亚在其著名的悲剧《哈姆莱特》中,使用 peacock 的形象表示"招摇,不道德的女人"。

在中国,孔雀被视为百鸟之王,相传是最美丽的鸟类。中国的传说中有很多关于孔雀的故事。佛教故事《孔雀大明王菩萨》中记载,孔雀为凤凰所生,被如来佛祖封为"大明王菩萨"。汉文化中,人们认为孔雀开屏是喜庆、吉祥的象征。因此孔雀经常用来指代美丽的人或物。孔雀的形象在文学、舞蹈中也常有出现。例如,汉乐府的民诗中便有《孔雀东南飞》一诗,与《木兰辞》并称为"汉乐府诗双璧"。中国的孔雀舞在国际上也享有盛誉。综上所述,在汉语言中,孔雀一般为褒义。

(十一)snake 与蛇

《圣经(旧约)创世记》中记载,蛇在撒旦的唆使下,诱惑了人类始祖夏娃犯下了原罪。《圣经》中的故事实际上反映了远古人类对蛇诡秘的行踪和剧毒的恐惧。因为人被毒蛇咬到后就会死掉,所以人们认为它是魔鬼与邪恶的象征,英语中含有 snake 的词语也多为贬义。例如：

a snake in the bosom 恩将仇报的人

a snake in the grass 潜伏的敌人,潜伏的危险

warm (cherish) a snake in one's bosom 姑息坏人,养虎遗患

此外,snake 在英语中单独使用时还用于指阴险冷酷的人或叛逆不忠的人。

在中国传统文化中,蛇是一种毁誉参半的形象。作为汉文化图腾崇拜——龙最初的原始形象,蛇无疑具有一种积极的含义。在神话传说《白蛇传》中,蛇是一种极具同情心、敢于追求生活的动物生灵。但在传统的中国文化中,人们更倾向于把蛇与恶毒、邪恶、狡猾、猜疑等联系起来,如汉语中有"美女蛇""地头蛇""毒如蛇蝎""人心不足蛇吞象"等说法。此外,蛇被中国人看成是一种令人捉摸不定的物种,所以汉语中的蛇也是众多性情的代名词。

## 二、英汉动物文化翻译

### (一)直译法

在英汉语言中,一些动物词有着相同或相近的文化内涵。此时,译者就可以使用直译法进行翻译。直译可以在保持原文风格特征的同时使译文也能生动,还利于两国文化的交流。例如：

bear hug 熊抱

flea market 跳蚤市场

like a swarm of bees 一窝蜂

the strength of nine bulls and two tigers 九牛二虎之力

a dark horse 黑马

a net worm 网虫

a cowboy 牛仔

paper tiger 纸老虎

like a bear with a sore head 像一只愤怒的熊

to ride a tiger 骑虎难下

Barking dogs do not bite.

吠犬不咬人。

One swallow does not make a summer.

一燕不成夏。

A rat crossing street is chased by all.

过街老鼠人人喊打。

As proud as a peacock.

像孔雀一样骄傲。

A cat has nine lives.

猫有九条命。

Don't count your chickens before they are batched.

小鸡未孵出,不要急着数鸡数。

We are like two grasshoppers tied to one cord: neither can get away!

我们是一条绳上的蚂蚱,谁都跑不了!

披着羊皮的狼 a wolf in sheep's clothing

敏捷如兔 as fast as a hare

（二）意译法

假如单纯地利用对等译法无法向读者准确生动地表达原文的含义,此时就可以使用意译法,即舍弃字面意思,但要保持文化的内涵,目的是理解文本的真正内涵。通常,动物名词会在原文的信息传递中发挥重要作用,但如果某些动物名词在源语与目标语中的内涵完全不同,那么在译文中就应舍弃原文的动物名,使用其他词,以更准确地传达原文的意思。例如:

beard the lion 在太岁头上动土

big fish 大亨

be like a bear with a sore head 脾气暴躁

a bull in a china shop 鲁莽闯祸的人

to cast sheep's eyes at sb. 对某人做眉眼

a pretty kettle of fish 乱七八糟

Once bitten, twice shy.

一朝被蛇咬，十年怕井绳。

Dog does not eat dog.

同类不相残。

He is as poor as a church mouse.

他一贫如洗。

My mother will have a cow when I tell her.

我妈妈听说后一定会发怒的。

Last night, I heard him driving his pigs to market.

昨夜，我听见他鼾声如雷。

It's said that Jack had already ratted.

据说杰克已经叛变了。

I have other fish to fry.

我有别的事要做。

The donkey means one thing, the driver another.

见仁见智。

Who has never tasted the bitter knows not what is sweet.

不尝黄连苦，怎知蜂蜜甜。

The goose hangs high.

形势一片大好。

What a lamb she is!

她真可爱！

Every dog has its day.

人人皆有得意之时。

黄牛党 illegal dealers in train tickets

炒鱿鱼 dismiss somebody

拍马屁 lick sb's boots

蜻蜓点水 scratch the surface

羊入虎群 a sheep among wolves

拦路虎 a lion in the way/path

瓮中之鳖 a rat in a hole

落汤鸡 like a drowned rat

胆小如鼠 as timid as a bare

力大如牛 as strong as a horse

老虎头上捉虱子 to bell the cat

狼吞虎咽 to make a pig of oneself

骑虎难下 to hold/have a wolf by the ears

缘木求鱼;叫公鸡下蛋 to milk the bull

如狼牧羊 to set a fox to keep one's geese

狐假虎威 ass in the lion's skin

鸡鸣狗盗 small tricks

四不像 neither fish nor fowl①

（三）转换法

转换法就是利用异域文化中已有的文化形象替换原文中的形象,目的是达到高效的交际效果。基于英汉不同动物词汇存在的相同或相近的文化内涵,要在翻译时对这些词语进行适当的转换和变更,目的是使译文更容易被读者接受。例如:

a cat on a hot bricks 热锅上的蚂蚁

black sheep 害群之马

like a duck to water 如鱼得水

（四）释义法

对于指称意义相同而文化内涵不同或有空缺的动物词,可以使用释义法进行翻译。例如:

---

① 董静．英汉动物类习语的文化内涵比较及其翻译策略[J].现代商贸工业,
2016,(12):162.

There are plenty more fish in the sea.

天涯何处无芳草。

这句原文表达的是安慰失恋的人,假如按照字面意思直译为"海里的是鱼",中国读者可能会理解成对方在说海里是一个捕鱼的好地方,但是采用释义法就可以使中国读者一目了然。

叶公好龙 professed love of what one really fears

译者如果直接按原文字面意思翻译成"Lord Ye's love of dragons"会令西方读者很困惑,但是加上释义后读者就能很容易理解其意思。

(五)音译法

音译法主要用于品牌翻译。当遇到以动物词汇为品牌的翻译时,译者应该在充分考虑顾客反应的基础上再对商品进行全面的阐释与解释,以使品牌效益得到最佳的诠释。例如,dragon 在我国象征吉祥、杰出,但在英国等以英语为母语的国家的人看来,dragon 是一种怪兽,象征邪恶。因此,如果将涉及 dragon 的品牌直译到西方国家,将会造成商品在西方无人问津。此时,译者就可以使用音译法将"龙"进行音译,如将"金龙"翻译成 KING-LONG。

(六)增译法

一些动物词汇如果用直译可以较好地传达出动物的形象,但是由于不同的文化背景,同样的形象可以传达出不同的含义。为了避免误解,翻译时应根据意义、修辞或句法上的需要增加原文中没有的词,以进行补充说明。例如:

She shed crocodile tears when she dimissed him from his job.

她把他解雇时,流出了鳄鱼的眼泪,假慈悲。

The ten of us were squashed together like sardines in the lift.

我们十个人在电梯里像罐头里的沙丁鱼一样,挤成一团。

# 第七章 英汉特殊词汇文化对比与翻译

无论是在英语还是在汉语中，都有一批特殊词语，它们不仅语义深刻，而且承载着丰富的文化含义，反映着民族的文化特色。分析英汉语言中特殊词语的文化含义，并探讨它们的翻译情况，对于促进英汉民族的交流具有重要意义。对此，本章将对英汉习语、典故、人名、地名、颜色词、数字词这些特殊词语的文化进行对比分析，同时探讨它们的翻译情况。

## 第一节　英汉习语、典故对比与翻译

在一个民族的语言中，习语与典故处于核心地位，它们是语言的精华，是民族文化的积淀。习语和典故蕴藏着丰富的文化信息，体现着民族文化特征。了解了一个民族的习语和典故，将能深入认识该民族的文化。本节首先对英汉习语和典故文化进行对比分析，并在此基础上对它们的翻译进行研究。

### 一、英汉习语对比与翻译

习语是语言的精华，是富有形象色彩的语言手段，是语言使用者经过长期的使用和提炼而形成的固定词组和短语，是语言发展的产物。习语不仅简洁生动，而且承载着丰富的文化信息，其中涵盖了大量的文化背景和文化特征，有着鲜明的民族特色和地域色彩，高度浓缩了民族文化的价值取向，体现着民族文化的精髓。通过一个民族的习语就可以看出该民族对文化传统的继承和发扬,对客观事物的认知习惯和情感评价。英汉民族有着不同的文化背景,因此习语也有着显著的差异,下面就对英汉习语对比与翻译进行具体说明。

（一）英汉习语对比

1. 英汉习语分类对比

因语言体系不同,英汉习语在分类上有着显著的差异,下面分别进行说明。

（1）英语习语的分类

英语习语的类型可按照词性进行划分,具体可分为以下四种类型。

①名词性习语。名词性习语是以名词作为中心,与其他词语进行搭配而形成的习语。例如:

brain drain 智囊枯竭（名词＋名词）

a mare's nest 骗人的东西,混乱（名词＋'s＋名词）

rank and file 普通成员们（名词＋and＋名词）

②动词性习语。动词性习语是以动词作为中心,与其他词语进行搭配而形成的习语。例如:

curry favor 拍马屁（动词＋名词）

beat up 殴打（动词＋介词）

poke one's nose into 干预（动词＋名词＋介词）

downbeat 下拍（动词＋副词）

get down to 开始认真考虑（动词＋副词＋介词）

③形容词性习语。形容词结构的习语也有非常多。例如:

on call 随时待命的（介词＋名词）

up to the hammer 一流的,极好的（副词＋介词短语）

④副词性习语。副词性习语在英语中也十分常见。例如:

to the letter 不折不扣地（介词＋名词）

between the devil and the deep blue sea 进退维谷（介词＋名

词＋and＋名词)

（2）汉语习语的分类

汉语习语的分类多根据音节数量和结构搭配关系进行划分，具体可分为以下几种类型。

①按音节数目。根据音节数目，可以将汉语习语划分为四音节习语与非四音节习语。其中，四音节习语十分常见，而且数量居多。例如：

萍水相逢

好高骛远

卓尔不群

异曲同工

而非四音节习语属于不规则的习语，有三字的、五字的、六字的等。例如：

三字习语:莫须有

五字习语:一言以蔽之

六字习语:百思不得其解

七字习语:心有灵犀一点通

八字短语:知其不可为而为之

九字短语:不以规矩不能成方圆

十字短语:知其然而不知其所以然

②按结构搭配关系。按照结构搭配关系，汉语习语可以分为平行习语与修饰习语。其中，平行习语包含并列关系习语、因果关系习语、承接关系习语等;修饰关系习语包含主谓关系习语、动宾关系习语、偏正关系习语等。例如：

并列关系习语:承上启下

因果关系习语:有恃无恐

承接关系习语:瓜熟蒂落

主谓关系习语:苦尽甘来

动宾关系习语:移风易俗

偏正关系习语:难言之隐

2. 英汉习语来源对比

习语的形成有其渊源,英汉习语大多源自神话、地理环境、文学典故、风俗习惯等,就这方面而言,英汉语习语表现出很大的相似性。

(1)源自神话

英汉语言中有着众多的神话故事,而很多英汉习语都源自揭示世界起源、说明人生奥秘的神话故事。例如:

Pandora's box 灾祸之根源

Achilles's heel 唯一致命的弱点

apple of discord 祸根,不和之源

汉语中的很多习语也与神话故事渊源颇深,它们多出自《山海经》,有的散见于经、史、子、集等书中。例如,"夸父逐日""后羿射日""鲧禹治水"等出自《山海经》,"女娲补天""嫦娥奔月"等出自《淮南子》。

(2)源自地理环境

地理环境不同,所造就的文化就会不同,产生的表达方式也存在差异。

英国属于典型的岛国,其四面环海,人们依靠海洋生存,并在与海不断作斗争的过程中创造了"海的文化"。由于英国特定的海洋地理环境,英语中产生了大量与捕鱼业和航海业有关的习语。

与捕鱼业有关的习语。例如:

like a fish out of water 像离水之鱼(比喻处在陌生的环境中,不自在)

have other fish to fry 有另一条鱼要煎(比喻有另一件更重要的事情要做)

make fish of one and flesh of another 一个当成鱼,另一个当成肉(比喻在两个人,或两类事物间区别对待)

a big fish in a little pond 小池塘里的大鱼(比喻在小范围内

出名的人）

The best fish swim near bottom.

好鱼居水底。（比喻有价值的东西不会轻易得到）

与航海业有关的习语。例如：

go by the board（安排）落空，（计划）失败

all at sea 不知所措

hang in the wind 犹豫不决

nail one's colors to the mast 坚持自己的主见

中国的地理位置和气候十分适宜农业耕作，所以中国先民形成了农耕的生活方式。中国地域辽阔，主要由山地、高原和盆地组成，与海的接触远不及岛国英国频繁，所以人们对海充满了幻想和敬畏之情，产生了很多表现人们这一思想、与海有关的习语，如"苦海无边""沧海一粟""海市蜃楼"等。

在中国，农业对百姓的影响很大，人们在农耕的过程中产生了很多与土地、农耕和牲畜相关的习语，如"五谷丰登""风调雨顺""瓜熟蒂落""九牛一毛""力大如牛""初生牛犊不怕虎"等。

在农业耕作中，经验丰富的农民总结出了大量与农事相关的农谚，涉及农事的方方面面，体现了人民群众的勤劳与智慧。例如：

一场秋雨一场凉。

好根出好苗，好树结好桃。

惊蛰不浸谷，小暑禾不熟。

春蚕不吃小满叶，夏蚕不吃小暑叶。

（3）源自文学典故

文学作品是语言的艺术，更是人类精神的载体，它记录着特定民族的文学巨匠们通过文学作品记录的精彩的故事和富有教益的哲理，从而凝聚为语言的精华。很多习语都源自文学典故。

英语中源自文学著作和典籍的习语有很多。例如：

to drop mill stones 铁石心肠（源自莎士比亚的《理查二世》）

have one's pound of flesh 无情的索债（源自莎士比亚戏剧

《威尼斯商人》）

　　never say die 不要悲观，不要气馁（源自查尔斯·狄更斯的《匹克威克外传》）

　　Shangri-La 世外桃源（源自希尔顿的《消失的地平线》）

　　汉语中也有很多习语源自文学典故。例如，"辗转反侧""投桃报李"等源自《诗经》；"过犹不及""怨天尤人""道听途说"等源自《论语》；"桃园结义""身在曹营心在汉"源自《三国演义》。

　　（4）源自风俗习惯

　　风俗习惯是社会群体所共同创造和共同遵循的生活习惯和行为准则。英汉语言中很多的习语都源自风俗习惯，这在饮食方面有着鲜明的体现。饮食习俗是指人们在加工、制作和食用食物的过程中形成的民俗。饮食这种社会行为不仅仅能满足人们的生活需求，还承载着丰富的文化内涵，形象地体现着饮食文化。

　　英国的畜牧业十分发达，奶食和肉食充足，面包、牛奶和奶制品是英国人的主要事物，所以产生了很多与之相关的习语。例如：

　　earn one's bread 赚钱糊口

　　bread and water 粗茶淡饭

　　out of bread 失业

　　big cheese 大人物；大官

　　spread the butter too thick 奉承，吹捧

　　a hair in the butter 棘手的问题

　　the cream of the crop 精华；最优秀的人或物

　　a piece of cake 小菜一碟，小事一桩

　　the milk of human kindness 人类的善良天性

　　high tea 正式的茶点

　　low tea 简单的午后便餐

　　中国的生活生产方式以农业和饲养业为主，这对人们的饮食结构产生了深远的影响，形成了独具特色的中国饮食文化，而且大量的习语从中产生。例如：

五谷丰登

鱼米之乡

顺藤摸瓜

三茶六礼

生米煮成熟饭

硬面饺子,软面饼

大寒小寒,吃饺子过年

饺子破了皮——露馅了

肉包子打狗——有去无回

哑巴吃汤圆——心里有数

挂羊头,卖狗肉

癞蛤蟆想吃天鹅肉

羊肉不曾吃,反惹一身膻

萝卜白菜,各有所爱

看人下菜碟

冬吃萝卜夏吃姜

新瓶装旧酒

## (二)英汉习语翻译

英汉习语所蕴含的丰富的文化内涵是显而易见的,但要透彻了解不同民族的习语文化,还要通过翻译这一重要途径。习语的翻译并非易事,需要在透彻了解习语文化内涵的基础上,选用恰当的翻译方法。具体而言,英汉习语翻译可采用以下几种方法。

### 1. 直译法

直译法是习语翻译中常用的一种方法。直译法是在符合译入语语言规则的基础上,保留原文的形式和内容。可以说,直译法基本上兼顾"形式相当"和"功能对等",很好地保留了源语的形象、风格与特色

put oil on the flame 火上浇油

armed to the teeth 武装到牙齿

A friend indeed is a friend in need.

患难见真情。

无可救药 beyond cure

竭泽而渔 to drain a pond to catch all the fish

易如反掌 to be as easy as turning over one's hand

## 2. 意译法

因文化背景的不同,很多英汉习语在形式和意义上保持对等,此时就不能用直译法进行翻译,可以尝试用意译法进行翻译。意译法是一种传达原文含义和语体风格的方法,它不拘泥于原文的形式和修辞手法。例如:

like duck to water 如鱼得水

take a French leave 不辞而别

like a cat on hot bricks 热锅上的蚂蚁

噤若寒蝉 keep quiet

大张旗鼓 on a large and spectacular scale

初出茅庐 at the beginning of one's career

## 3. 直译意译结合法

习语文化内涵丰富,有时仅采用一种翻译方法是很难准确、完整地传达其含义的,很多时候需要结合直译和意译两种方法。例如:

Caution is the parent of safety.

谨慎为安全之本。

守株待兔 to wait for windfalls

三十六计走为上计 of the thirty-six strategies, the best is running away as you have no better choice

## 二、英汉典故对比与翻译

同习语一样，典故也是语言的精华，民族文化的瑰宝，其反映着民族的发展历史，凝聚着民族的智慧。英汉语言中都包含大量的典故，它们都是由生动、形象的故事浓缩而成，而且生动形象，精练含蓄，喻义发人深省。将一个民族的文化瑰宝转移到另一个民族，让两个民族的人们相互了解对方的特色文化，是译者的职责，也是需要译者不断研究的问题。下面将对英汉典故对比与翻译进行探究。

（一）英汉典故对比

1. 英汉典故结构形式对比

就结构形式而言，英汉典故表现出一定的差异，以下分别进行论述。

（1）英语典故的结构形式

英语典故的结构形式比较灵活，句式长短不一，有的典故可能是一个词，有的典故可能是一句话，或者一段话。例如：

Ark 避难所

hair by hair you will pull out the horse's tail 矢志不移，定能成功

（2）汉语典故的结构形式

在结构形式上，汉语的典故结构较为紧凑，用词上也比较简单。汉语典故往往是由三个字、四个字组成，有时候也可能是两个字。当然，也有个别的字数比较多。例如：

探玄珠

舍生取义

螳螂捕蝉，黄雀在后

2. 英汉典故来源对比

(1)源自文学作品

无论在英语中还是汉语中,文学作品都是典故的重要来源。很多文学作品中有鲜明特点的人或事都会被人们加以引用,最后凝聚成典故性词语。

西方文学成就辉煌,形式各异的文学作品浩如烟海,从中产生的典故更是数量庞大。其中,莎士比亚的作品不仅艺术性最高,而且也为后来西方世界中文学典故的形成提供了重要来源。例如,Shylock(夏洛克)是莎士比亚喜剧《威尼斯商人》中的一个人物,此人十分爱财,而且手段残忍,因此喻指既吝啬小气又手毒心狠的人。

中国历代文学作品是汉语典故的主要来源之一。而且,各个时代都有自己独特的文学创作形式,也蕴含了丰富的典故,下面举例加以说明。

源自神话故事的典故:

钻木取火

女娲补天

大禹治水

后羿射日

源自《诗经》的典故:

不稼不穑

蝇营狗苟

如临深渊,如履薄冰

它山之石,可以攻玉

巧言如簧,颜之厚矣

言者无罪,闻者足戒

源自诸子散文的典故:

三人行必有我师

五十步笑百步

助纣为虐

越俎代庖

一鸣惊人

智者千虑,必有一失;愚者千虑,必有一得

空城计

武松打虎

大闹天宫

姥姥进大观园

(2)源自史实

在英汉民族的历史发展过程中,发生过很多的重大事件,这些事件不仅对当时而且对后来的社会都产生了重大影响,后来人们通过典故的形式对这些事件加以浓缩,以此来借古喻今。

西方的恺撒大帝骁勇善战,他指挥的鲁比肯河一战,给后人留下了很多经典的典故。例如:

burn one's boats 破釜沉舟,自断退路

the die is cast 木已成舟

worth one's salt 称职

中国在几千年的历史长河中不断变迁,每个特定的历史时期都给我们留下了丰富的语言财富,其中就包括记录历史人物和历史事件且寓意深刻、发人深省的典故。

与曹操有关的典故:

讳疾忌医

老骥伏枥

青梅煮酒

望梅止渴

与诸葛亮有关的典故:

三顾茅庐

鞠躬尽瘁

锦囊妙计

草船借箭

战争相关的典故：

声东击西

偃旗息鼓

揭竿而起

势如破竹

五十步笑百步

草木皆兵

运筹帷幄

背水一战

（3）源自寓言故事

寓言故事多是一些短小精悍的故事，篇幅虽然不长，但寓意十分深刻。

英语中源自《伊索寓言》《格林童话》《安徒生童话》的典故有很多。例如，kill the goose that lays the golden eggs 出自《伊索寓言》，讲的是有一个人有一只母鸡，这只母鸡生出一个漂亮的金蛋。这个人以为母鸡肚子里面有金块，就把这只母鸡给杀了，等到剖开一看，里面与普通母鸡一样。这则典故的意思是"为了眼前的利益，而牺牲将来的利益"。类似的还包括：

to cry wolf 狼来了，比喻说谎

the grapes are sour 酸葡萄，比喻可望而不可即之物

汉语中也有很多的典故源自寓言故事，而且这些寓言故事多散布于古代典籍之中，以来自先秦时期的典籍为最多。例如：

愚公移山

买椟还珠

守株待兔

拔苗助长

画蛇添足

一曝十寒

东郭先生

刻舟求剑

### （二）英汉典故翻译

由上述内容可以看出，英汉典故内涵丰富，寓意深刻，在翻译时要灵活使用翻译方法，英汉典故文化内涵丰富，在翻译的时候就要灵活使用翻译方法，从而准确地传达典故的文化含义。

#### 1. 直译法

直译法这种直接对原文加以翻译的翻译方法，能充分再现源语典故的形象和民族特色，其适用于英汉语言中喻体和喻义相互对应的典故以及广为人知的典故的翻译。例如：

cold war 冷战

shuttle diplomacy 穿梭外交

wolf in sheep's clothing 披着羊皮的狼

bone of the bone and flesh of the flesh 骨肉相连

One swallow doesn't make a summer.

一燕不成夏。

#### 2. 意译法

意译法是在直译法无法使目的语读者理解其含义时，依据原文的意思，运用译入语中相应的表达方式进行翻译的一种方法。意译法虽然不能有效保留原文的文化形象，但能充分传达原文的内在含义。例如：

between Scylla and Charybdis 进退维谷

hide ones candle under a bushel 不露锋芒

to return sth. to its owner on perfect condition 完璧归赵

like a fish out of water 很不自在

Smith often Uncle Tommed his boss.

史密斯常对老板阿谀奉承。

#### 3. 套译法

在翻译英汉典故时还可以使用套译法，这种翻译方法适用于文化内涵大致相同、语言表达方式大体相似的典故。例如：

Walls have ears.

隔墙有耳。

过河拆桥 kick down the ladder

# 第二节　英汉人名、地名对比与翻译

人名和地名是对人和地方的称呼，它们属于专有名词的一种，也蕴含着丰富的文化内涵，体现了一个民族丰富的历史、地理环境和心理特征等。随着英汉民族交流的日益频繁，人名和地名是必然要涉及的内容，因此对于它们的翻译也就成了一项重要内容，能否翻译准确，将直接影响双方的交流。本节将对英汉人名、地名文化的对比及其翻译进行探究。

## 一、英汉人名对比与翻译

从功能角度而言，人名是一种称呼，是一个人与其他人加以区别的社会称谓符号。就社会层面来说，人名又蕴含着丰厚的文化，体现出鲜明的民族色彩。下面首先对英汉人名进行对比分析，然后探讨其翻译。

（一）英汉人名对比

1. 命名方式对比

（1）根据道德情操命名

道德是维系人际关系、维持社会安定的准则，道德和情操有助于衡量人的价值。西方人强调正直、守信、扶危济困等，因此很多名字也是基于这一理念而命名的。例如：

Justin 贾斯廷，意思是为人正直、公道

Hector 赫克托,意思是用巨大的力量将敌人阻挡在国门之外

Bailey 贝利,意思是待人诚信、忠厚

Constance 康斯坦慈,意思是忠实、坚定、不屈

Catherine 凯瑟琳,意思是纯洁、心灵美好

Alice 爱丽丝,意思是忠诚、可信,不欺骗他人

Ulysses 尤利西斯,意思是鄙视任何卑鄙、欺诈他人的行为

Charity 查莉蒂,意思是资助他人、慈悲为怀

Consuela 坎苏拉,意思是忠实可靠的朋友

道德高尚、胸怀宽广、作风磊落、为人正直正是中国人长久以来追求的一种思想人格。中国文化强调"文以载道""里仁为美"。因此,在人名的命名上,往往会表达这一含义,如"宗信""卫国""恩宇"等。

(2)根据性格、情怀命名

世间每个人的性格和情怀都是不一样的,有的人比较随和,有的人性格坚定,有的人比较开朗,有的人比较深沉。其中,西方人讲究个性,追求标新立异,因此他们不愿意约束自己。就文字层面来说,西方人不讲究幽深的意境,往往采取的是生动、直接的表达方式,在命名上也有所体现。例如:

Fernanda 费尔南多,意思是喜爱冒险、胆子大的人

Deirdre 迪尔德丽,意思是饱受悲伤、痛苦,四处流浪

Lupe 鲁普,意思是奴役他人,像狼一样的性格

Chad 查德,意思是好斗、容易惹事的人

Hodwig 海德威格,意思是面对斗争,不获得最终胜利不会终止

Fielding 菲尔丁,意思是将大自然视为生命的人,代表的是爱的乐园

Tracy 德雷茜,意思是有勇气的人

Martina 玛尔蒂娜,意思是对武术精神非常崇尚的人

Philomena 菲洛来娜,意思是喜欢月光的人

中国人性格多样,所以在取名上也体现了这一特点,如"精

武""致远""渊明""少雄"等。

（3）根据身份、职业和生长环境命名

西方个人的文化取向倾向于实用、客观，因此往往以具体职业、身份作为理据，命名上也是如此。例如：

Brook 布鲁克，意思是出生于湖泊、小溪的人

Carl 卡特，意思是马车夫或者打造马车的人

Milton 弥尔顿，意思是住在镇上的磨坊里面的人

Churchill 丘吉尔，意思是住在山上教堂旁边的人

Baxter 巴克斯特，意思是烤面包的人

Fabian 费宾，意思是从事农业劳动的人

Cooper 古伯，意思是制造木桶的人

中国文化的"内视"性非常强烈，审美观点上往往也超脱外物，注重精气神，在人名的命名上，往往主要是抒发志向，不以具体的职业、身份等来命名，而常以自然环境来命名，如"雪峰""苍海""松涛"等。

（4）根据相貌、气质命名

西方人主张个性化，对于相貌不存在褒贬，越有个性，越显得与众不同，因此常以相貌来命名。例如：

Anne 安妮，意思是娇美的人

Cameron 卡梅伦，意思是由个性的人，鼻子如鹰嘴的人

Algernon 阿尔杰农，意思是有着大胡子的人

Cherry 彻里，意思是皮肤粉白的人，嘴唇鲜红的人

Blanche 布兰奇，意思是面容白皙、头发浅淡的人

Lloyd 劳埃德，意思是具有政治家风度与气质的人

Claudia 克劳地亚，意思是头脑聪慧的人

中国人看待相貌是持有中庸的姿态，对长相大众化是非常推崇的。在中国文化传统中，对别人的长相品头论足如同揭人短处一样，显得不道德，会令人非常地尴尬，因此中国人绝对不会用相貌特征作为名字的命名方式，而更注重气质，常以气质作为内涵来命名，如"子昂""炯明""之涣"等。

（5）借物喻人命名

自然界中的很多事物都有独特特点，值得人们赞颂与崇拜，因此人们往往会借助这类事物对某种性质、形体、品格等进行表达，并以之命名。很多西方人的名字都是根据动植物的寓意来命名的。例如：

Daphne 达芙妮，意思是像月桂树那样高贵的人

Arno 阿诺，意思是融合狼的勇猛与鹰的眼力为一体的人

Adolph 阿道夫，意思是像狼一样勇猛的人

Hazel 海兹尔，意思是拥有权力的人

Faline 费林，意思是像猫一样的人

Everard 埃弗拉德，意思是像野猪一样凶猛的人

Palmer 帕尔默，意思是从圣地带来棕榈树枝的人

Lillian 莉莲，意思是像百合一样美丽的人

Leontine 莱昂泰恩，意思是像母狮子一样拥有力量的人

Todd 托德，意思是像狐狸一样狡猾的人

这种命名方式在中国也十分常见，如"鹏飞""赵虎""张龙"等，因为中国人认为雄鹰代表的是志向远大，老虎是非常威猛的，有着王者风范的龙表达的是一种神圣威严。

## 2. 人名使用对比

在日常交际中，英语人名在使用时也有着明显的不同，这也是不同文化差异的反映。

（1）在称谓使用上的差异

中国文化强调共性特征，即集体利益高于个人利益，也可以将其称为 we 文化。在这样的文化中，人们看重的并不是他们是谁，而是他们的身份与职务。简单来说，中国文化中对于等级、辈分等是非常看重的，在言谈举止中也非常注重礼貌，如称呼别人往往为"王教授""李阿姨""张博士"等。

西方文化强调个性，即个人利益高于集体利益，不管人们的职位多高，个人有多大的贡献，他们都认为应该平等对待，彼此之

间说话也是轻松随意的。他们认为自己的文化是 I 文化,因此在非正式的场合或者初次见面时,往往直呼其名。

(2)在书信使用上的差异

在书信使用上,英语人名往往是个人最前。例如:

Professor Green Department of Information Engineering Denver Institute of Technology

Denver Colorado U. S. A.

中国人名在书信地址的位置上更凸显集体的地位,因此将最高的集体置于最前,如"中国北京市北京大学信息工程学院信息二班孙明义同学"。

### (二)英汉人名翻译

由上述内容可以看出,英汉人名不仅蕴含着丰富的文化信息,而且有着明显的差异,这都给人名的翻译带来了不少困难。对于人名的翻译,具体可以采用以下几种方法。

### 1."名从主人"

中西人名在构成、来源等层面存在差异,这就要求翻译时一定要将该民族的人名特征反映出来。就翻译来说,汉语属于表意文字,英语属于表音文字,因此人名的翻译不适合采用转写的方法,因而大多采用音译法。所谓音译法,就是尽可能用目的语语音对源语的语音进行模仿。在对人名进行音译的时候,译者需要"名从主人",即翻译时需要按照源语的发音与读音规则。当然,姓名的顺序也需要符合目的语国家的规范,中国人往往是姓前名后,西方人则相反。根据《关于改革汉语拼音方案为我国人名地名罗马字母拼写的统一规范的报告》,对于英语人名的翻译,译者必须采用各国的标准罗马拼写来进行翻译,一律采用音译的方法,而不能使用意译。例如:

Snow 这一人名不能翻译为"雪",而应该翻译为"斯诺"

Talleyrand 这一人名不能翻译为"泰里兰",而应该根据法语规则,翻译为"塔列朗"

在姓名顺序上,也应该考虑中西方不同的习惯。例如:

雷锋 Lei Feng

Albert Einstein 阿尔伯特·爱因斯坦

### 2. 归化与异化相结合

到底是采用归化法来翻译人名还是采用异化法来翻译人名,一直都是困扰译者的一个问题。实际上,这两种翻译方法并没有优劣之分,译者可以根据具体问题具体分析。

在改革开放之前,中国人名的翻译往往都是采用归化法。例如,将武打明星成龙翻译为 Jackie Chen。

随着研究的深入,这种归化法受到人们的质疑,很多人认为这种方法不可取,让人们判断不出人名文化的源头。因此,异化方法诞生。例如:

刘翔 Liu Xiang,而不是 Xiang Liu

姚明 Yao Ming,而不是 Ming Yao

### 3. 约定俗成

人们经过长期的实践,最后确定事物的名称、形式等,逐渐形成"约定俗成"的习惯。历史上很多名人的人名翻译一般适用这一原则。这是因为,随着历史的发展,这些译名被逐渐沿袭使用并保留下来。例如:

Pearl Buck 赛珍珠

Bernard Shaw 萧伯纳

此外,人名的翻译应该根据国家颁布的各种语言译名表,运用统一的译音用字,避免译名出现混乱。例如:

George Bush 乔治·布什

Norman Bethune 诺尔曼·白求恩

John Keats 约翰·济慈

Percy Bysshe Shelley 珀西·比希·雪莱

Holmes 福尔摩斯

Kissinger 基辛格

Pushkin 普希金

4. 同名同译

受社会和历史因素的影响,同名不同译现象有很多。例如,《红与黑》的作者 Stendhal,《辞海》中将其翻译为"司汤达";《中国大百科全书》将其翻译为"斯丹达尔";《外国历史名人辞典》中将其翻译为"斯汤达"。对于这些译名,读者很难做出判断,因此译者在翻译时尽量同名同译。

5. 简略易读易记

当人名超过四个字的时候,读起来就很不顺口了,而且不易记忆,因此在翻译人名时,需要省略其中的辅音,使名字更容易读和记。例如:

Shakespeare 莎士比亚,不应该译为"莎克士比亚"

Macdonald 麦当娜,不应该译为"麦克多纳尔德"

## 二、英汉地名对比与翻译

在对地方命名的初期,地名主要是为了对地理实体进行指称,是人类对他们生活、居住的自然与社会环境符号的认识,同时地名也是社会交往的媒介。随着社会的发展,人类生活的区域也在不断扩大,地名文化的内涵越来越丰富,其不仅反映了地理环境的特征,还反映了人文景观的特征,甚至映射着不同民族的文化传统与社会心理,代表着传统的价值观念与伦理精神。下面将对英汉地名文化进行对比分析,同时探讨它们的翻译情况。

(一)英汉地名对比

1. 命名方式对比

(1)根据姓氏、人名命名

西方以姓氏、人名命名地名的有很多,且都是本国的军事家、科学家、政治家的姓氏或名字。例如：

Augusta 奥古斯塔

Madison 麦迪逊

Clinton 克林顿

Washington 华盛顿

Lincoln 林肯

Kennedy 肯尼迪

中国的姓氏历史悠久，根据姓氏命名的地名十分常见，尤其是一些传统的村落和城市，如"赵家沟""金家堡"等。但中国以人名来命名地名并不多见，中国古人出于对尊长、君主等的尊重，往往避讳使用他们的名字，即便是之前已经存在了，为了避免与当时的君王冲突，也会进行更改。例如，河南洛阳的宁民坊，因与李世民的名字冲突，因此为了避讳，更改为"宁人坊"。后来受西方文化的影响，中国以人名为地名命名的逐渐增多，如"中山县""高尔基路"等。

（2）根据美好愿望命名

对于美好的生活，人们都十分向往，因此在对地方进行命名时，也会倾向于选择美好的寓意，给人以吉祥、文雅之感。

在西方各国，很多地名也代表着美好的愿望。例如：

Concord 和平

Providence 远见

Hope 希望

Harmony 大同

Liberty 自由

Union 团结

Independence 独立

受传统农耕文化的影响，中国人追求安定、和平，因此在给地方命名时多选用有着美好寓意的名字。例如：

寿宁县

福安市

兴隆县

忠孝村

太平区

（3）根据他国名字命名

在西方国家,很多名字也都是外来的,尤其在美国这种情况较多。美国是一个移民国家,很多移民在当地留下了自己国家的地名。例如:

Montana 蒙大拿,源于拉丁词

Detroit 底特律,源于法语

Fond du Lac 方杜莱克,源于法语

Eau Claire 奥克莱尔,源于法语

Canton 广州,源于汉语

China 柴纳,源于汉语

Ohio 俄亥俄,源于印第安语

Missouri 密苏里,源于印第安语

尽管中国古代比较封闭,但仍有很多地名是外来的。例如:

德县路,以德国人名或地名命名

威廉路,以德皇威廉命名

威妥玛路,源于英国人,汉字拼写法的设计者

林肯路,源于美国前总统

东京路,源于日本城市

（4）根据自然环境命名

汉语民族中很多的地名都是根据自然环境命名的,显示了人们对自然的崇拜与热爱。

第一,源于动植物、矿物

根据动植物和矿物命名的地名在中西方非常广泛。例如:

Peacock 皮科克,意为孔雀

Wild Horse 怀尔德霍斯,意为野马

Eagle 伊格尔,意为鹰

Turtle Mountain 特特尔山,意为龟山

White Apple 怀特阿普尔,意为白色苹果

Orange 奥兰治,意为橘子

York 约克,因水松树林得名

Marathon 马拉松,因多茴香而得名

Idaho 爱达荷州,因山上有很多宝石与有色金属得名

Almaden 阿尔马登,因汞矿得名

中国有一些地名源于动物的名称或者这些动物的某个器官的名称或借用一些树木的名字,也有很多地名源自矿产名称。例如:

螃蟹坑

芭蕉村

柿树坳

银坑坳

金田村

第二,源于山水。在中西方的地名中,以山水作为来源的也较为常见。西方的很多地名源自它们附近的河流。例如:

Vaucluse 沃克吕兹,源于该省同名泉水

Piemonte 皮埃蒙特,源于阿尔卑斯山麓

中国的很多地方是以山或水命名的。例如:

象山

萧山

青海

黑龙江

第三,源自地理位置。西方很多地名与其地理位置有着密切的关系。例如:

North 诺斯,意为北方

Eastman 伊斯特曼,意为东方人

West Point 西点,意为位于哈得逊河西岸

中国的很多省市名称往往带有方位词。例如:

河南省

河北省

阜南县

（5）根据数字命名

中西方有些地名是使用与地名相关的数字来代替地名而成的。例如：

Twenty nine pains 特温蒂奈恩帕姆斯

Thousand pains 绍森帕姆斯

Ten Thousand 万山群岛

Six Mile 锡克斯迈尔

三江口

十字坡

八字墙

三十六湾

（6）根据人体命名

西方很多地名是运用人体来命名的。例如：

Tongue Point 汤角，源于舌尖

Thumb 萨姆，源于拇指

Hand County 汗德县，源于手

Mouth of Wilson 茅斯厄夫威尔逊，源于嘴

Heads 黑兹，源于头

Finger 芬格，源于手指

Sleepy 斯利皮艾，源于困乏的眼睛

Black foot 莱克富特，源于脚

Arm 阿姆，源于手臂

中国也有很多类似的情况，如"海口""溪口"等。

## 2. 地名特点对比

中西地名特点的差异主要体现在写意性与写实性上。写意性是指对意象的侧重，其与真实有着较小的关联。写实性是指对事物展开真实的模仿，其与真实有着较大的关联。

在地名上，中国人倾向于引用事物表达一种愿望，如"龙凤

村"就是很好的代表。相比之下,西方侧重对事物展开实在的论述,并不会引出其他内涵。

(二)英汉地名翻译

对于地名的翻译,应遵循两条原则:一是让外国人看懂,另一个是基于第一条原则,让本地人能明白他人说的地名是什么。在具体翻译时,可在遵循上述原则的情况下采用恰当的翻译方法。

1. 音译法

音译是翻译地名常用的方法。为了保证地名翻译的准确性,且保留源语文化的底蕴,西方很多地名往往采用音译方法。例如:

Pisa 比萨

Berlin 柏林

Toronto 多伦多

Vienna 维也纳

中国一些省、市、县等的地名往往使用汉语拼音,即音译。例如:

福建 Fujian

天津 Tianjin

上海 Shanghai

湖北 Hubei

山西 Shanxi

和县 Hexian

萧县 Xiaoxian

如果有些地名写成拼音形式容易混淆时,建议用隔音符号进行分割。例如:

西安 Xi'an

建瓯 Jian'ou

兴安 Xing'an

2. 习惯译法

英语中源于人名、民族名的地名,通常采用其习惯译名。例如:
Indiana(State) 印第安纳州
San Luis Canal 圣路易斯运河
White Harbor 怀特港
我国幅员辽阔,有着相同名字的地方很多,在翻译这些地名时,必须要按照中国地名词典标注的读音和书写形式进行翻译,不能随意更改。例如:
山东省单县的单城 Shancheng Town
黑龙江双城市的单城镇 Dancheng Town

3. 意译法

通过上述内容可知,中西方很多地名都蕴含着丰富的文化寓意,为了充分体现这些地名的文化内涵,有时可以采用意译法进行翻译。例如:
Mount Alabama 阿拉巴山
Great Island 格雷特岛
North York Shire 北约克郡
Prince of Wales Island 威尔士王子岛
长城 Great Wall
牛尾海 Port Shelter
象鼻山 the Elephant Hill

4. 显义译法

英语中一些地名的某些单词具有实在的意义,在对这些地名进行翻译时,需要采用显义法。例如,New Zealand,太平洋西南部一个岛国,1942 年,诺曼斯发现了这一岛屿,因地貌与荷兰的 Zealand 岛屿有着类似特征,因此称其为"新的西兰岛"。显然,在这里的 New 是一个实义词,不是一个地理符号。

# 第三节　英汉颜色词、数字词对比与翻译

对于语言学科而言，颜色词与数字词是比较特殊的领域，其不仅可以对颜色、数字加以表达，还能够展现各自语言中丰富的文化内涵。本节将对英汉颜色词与数字词展开比较与分析，并探讨它们的翻译情况。

## 一、英汉颜色词对比与翻译

### （一）英汉颜色词对比

#### 1. red 与红色

在西方文化中，red 与鲜血的颜色是一样的，而鲜血在西方人眼中，象征着"生命之液"，如果鲜血流淌出来，就意味着生命将会结束。因此，red 就有了危险、暴力的含义。另外，在某些方面，"红"会给人带来厌恶与忧愁之感。例如：

red district 红灯区，指代城市中从事色情活动的地方

red-tape 官僚作风，指的是办事拖拉、手续烦琐、不讲究效率

red-neck 乡巴佬，指的是美国南部地区的红脖子人群

Red Brigade 红色旅，指恐怖组织，专门从事破坏、暴力、抢劫、杀人等活动

中国人自古就崇尚红色，认为红色象征吉祥、喜庆、成功、忠诚、温暖和兴旺等。中国人以红色为贵，源自古代的日神崇拜。太阳从东方升起，它那火红的颜色和炎热的高温给古人以神秘莫测的感觉，所以红色就成了古人的崇尚色。这也给红色带来了很多褒义的色彩。例如：

红火：生意热闹、繁华、兴旺

红军:中华人民共和国成立初期的武装

走红:人的境遇逐渐变好,或者生意逐渐顺利、成功

红人:得到上司欣赏和宠信的人

分红:合作做生意而得到的盈利

红装:女子穿着盛装

红颜:女子较好的容颜

## 2. black 与黑色

无论在英语还是汉语中,黑色的内涵基本相同。例如,黑色代表着悲哀,在葬礼上,英美人、中国人都习惯穿黑色服装、佩戴黑纱。同时,黑色也代表着黑暗、恶势力,如汉语中的"黑帮""黑社会",英语中的 black money(黑钱),black day(凶日)等。

但是,除了这些相似之处,英汉两种语言中的 black 与黑色也存在着一些差异。在英语中,black 象征着魔鬼与不幸,因此 black 在西方人的眼中是一种禁忌颜色,因为出现这一颜色,就意味着灾难即将到来。例如:

black words 不吉利的话

black death 黑死病

black Man 恶魔

blackmail 敲诈

black sheep 败家子

除此之外,black 还有愤怒的意思。例如:

a black look 怒气冲冲地看着

black in the face 脸色铁青

在中国古代,黑色是尊贵的代表,也是铁面无私、阳刚正义的化身,这里的黑色蕴含着褒义的色彩。尤其在戏剧脸谱中,佩戴黑色脸谱的人象征着憨直与刚正不阿。

另外,由于黑色本身有黑暗的意思,因此其也有贬义的一面,是恐怖、阴险的代表。例如:

黑心肠:阴险毒辣的人

黑名单:持有不同政见的人的名单

走黑道:干违法的勾当的人

黑店:干杀人越货勾当的地方

黑市:进行非法交易的地方

黑钱:利用非法的手段获得的钱财

### 3. white 与白色

对于 white,西方人除了表达真正意义的"白",还将其化身为高尚、纯洁、吉利、公正的代名词。在西方人眼中,白色是令人崇拜的颜色。正是由于白色象征着纯洁、光明、和平、善良等,因此英语中有很多与 white 相关的词汇。例如:

Snow White 白雪公主,是善良、聪明的化身

white wedding 穿着白色婚纱的婚礼,主要是新娘的装束

white sheep 白色的绵羊,指善良、美好的东西

white man 高尚的人

white soul 心灵纯洁

white handed 正直的人

在汉语文化中,白色有着不吉祥的寓意,如"白事"就是丧事的意思。一般在办丧事的时候,家里人会贴上白纸、带上白帽、穿上白衣,以表达对逝去之人的尊重与悼念。除此之外,白色还有其他的寓意。例如:

白痴:智力低下的人

白虎星:旧时候的一种迷信,即给人带来祸患之意

白干:费力不讨好,或者出了力未收到明显的效果

### 4. green 与绿色

在英语中,green 是茂盛的草木的颜色,寓意青春与和平。在西方文化中,green 有着丰富的内涵,具体来说表现为如下几点。

(1)象征眼红与嫉妒。例如:

green as jealousy 嫉妒,十分嫉妒

green-eyed monster 妒忌

（2）象征精力旺盛、朝气蓬勃。例如：

a green old age 老当益壮

in the green 正值青春

green shoots 茁壮成长的幼苗

（3）象征生疏的、新手的、没有经验的。例如：

green horn 无经验的，易受骗的

green hand 新手

在汉语中，绿色不仅代表生机与希望，还代表着生态与环保。在中国古代的著作中，很多人都用"绿"指代年轻的女子。例如：

绿媛：年轻的女子

绿窗：年轻女子的住所或闺阁

绿鬟：光亮、乌黑的鬟发，也可指代年轻的容颜

近些年，由于资源浪费、环境污染的严重，生态出现了失衡的情况，人们越来越关注人与自然的和谐相处。因此，绿色也成为无污染、环保、可持续发展的代名词，如"绿色食品""绿色家电""绿色能源""绿色出行""绿色奥运""绿色包装""绿色消费"等。

## （二）英汉颜色词翻译

### 1. 直译法

直译法是最为常见的一种翻译方法，当英汉颜色词的基本含义相对应，不会引发歧义的时候，就可以采用这种翻译方法。例如：

red figure 赤字

White House 白宫

green tea 绿茶

blue-collar workers 蓝领阶层

black humor 黑色幽默

black board 黑板

gray clothes 灰衣服

red caret 红毯

红色警报 red alert

天下乌鸦一般黑。

Crows are black all over the world.

## 2. 直译加注法

尽管不同民族给同一种颜色词赋予相同的意义,但因为民族文化、习俗、思维等的不同,加上语言表达方式上的差异,在视觉和心理上产生了不同的联想、象征意义。对于这类颜色词的翻译,可以采用直译加注法。例如:

blue book 蓝皮书(刊载知名人士和高级官员名字的蓝皮书)

black spot 黑点(贫困或落后地区、棘手的地方或事情)

green pound 绿色英镑(英国参加欧洲共同体农产品交易使用的货币)

又红又专 red and expert (both socialist minded and professionally qualified)

人人都说她是个白骨精。

Everybody says she is a White Boned Demon, an evil spirit who takes the guise of a charming young woman in the novel Pilgrimage to the West.

## 3. 替换法

当英汉语言中相对应的颜色词的词义差异很大,或者文化内涵存在差异时,就可以尝试采用替换法进行翻译,即在译入语中选用合适的颜色来替换源语中的颜色词。例如:

black tea 红茶

brown bread 黑面包

Mary was blue with cold.

玛丽冻得发紫。

她看上去脸色有点苍白。

She looked a bit green.

她对他的成功感到眼红。

She is green-eyed with his success.

### 4. 意译法

因中西颜色词所蕴含的文化之间存在着明显的差异,有时直译无法准确地传达源语颜色词的文化含义,此时就可以采用意译法。例如:

oasis 绿洲

jaundice 黄疸

grease pump 黄油油泵

black smith 铁匠

black leg 骗子

a white night 不眠之夜

a black boy 非洲男孩

a white elephant 耗费巨大而无实用价值的东西

He is too yellow to stand up and fight.

他太软弱而不敢站出来反抗。

红豆 love pea

黄油 butter

青蛙 frog

紫菜 laver

牛皮纸 brown paper

糙米 brown rice

白菜 Chinese cabbage

小白脸 a man who are young and inexperienced

抹黑 bring shame

### 5. 意译加注法

一些词因为文化差异、历史久远,读者在阅读时难以理解。

在翻译时，就可以采用意译加注的方法。例如：

Whitespirit 石油溶剂油（用来稀释油漆，清除刷子或衣服上的油漆）

Redout 红视（因血液突发涌到头部而造成的视觉模糊的现象）

## 二、英汉数字词对比与翻译

数字词汇普遍存在于不同的语言词汇中，并在人们的生活中发挥着重要的作用。以下就对英汉数字词对比及翻译进行说明。

### （一）英汉数字词对比

#### 1. one 与"一"

在西方文化中，one 是一个极为重要的数字。古希腊毕达哥拉斯学派认为，one 是至高无上的，它是万物的开始，是整个世界的发源。受西方传统文化影响，one 具有了"完整、专一"的象征意义。人们普遍认为，如果某个人是在一号出生，那么这个人就会被赋予独特的思维、敏锐的鉴别力和坚强的性格。

在中国古代，"一"也代表万物的初始。老子在《道德经》中指出："道生一，一生二，二生三，三生万物。"其中的"道"就是万物的唯一本源，体现了世界的本质性。由于数字"一"的"万数之始、万事之源"的属性，所以汉民族自古以来都对其十分崇尚。

#### 2. three 与"三"

受古希腊、古罗马神话的影响，西方文化中的 three 是尊贵的代名词，即用 three 象征神性的例子有很多。例如：

All great things go by threes.

所有好事都以三作为标准。

Number three is always fortunate.

第三号一定运气非常好。

中国人认为"三"就代表着多,即多数、多次的含义。例如:

三番五次

三令五申

三人行必有我师焉

三个臭皮匠,赛过诸葛亮

除了这一点,"三"还有神圣、圆满的含义,是吉祥的意思,这一点在中国的礼节中多有呈现。例如:

三纲:古代的君臣关系、父子关系、夫妻关系

三族:祖孙三代,即父、子、孙

### 3. four 与"四"

西方人对 four 这一数字十分钟爱,他们认为 four 是方形的代表,因此是非常全面和稳固的。在西方人看来,人们生活的世界都离不开 four 这个数字,因此也诞生了很多与 four 相关的语言。例如:

four leaf clover 幸运草

on all fours 完全吻合

foursquare 诚实坦率的

在汉语中,"四"与"死"谐音,因此中国人对于"四"这个数字是极度厌恶的。人们在选择门牌号、车牌号时,也避开这个数字。

需要指出的是,"四"也不是完全都是贬义,也存在褒义色彩,表达一种齐全与圆满,如"四平八稳"等。

### 4. six 与"六"

在西方文化中,six 没有吉祥美好的意思,与之相关的表达也多含贬义。例如:

six of one and half a dozen of the other 半斤八两

at sixes and sevens 乱七八糟

hit sb. for six 给……以毁灭性打击

be six feet under 归西

在汉语中,数字"六"与"禄"谐音,因此具有平安、福禄的寓意,被中国人视为吉祥的数字。从古至今,人们都喜欢用"六"来表达美好的事情与事物。例如:

身怀六甲:妇女怀孕

六合:天、地、东、南、西、北

### 5. eight 与"八"

在西方文化中,eight 也具有褒义色彩,是一个吉祥的数字。同时,由于"8"是由两个"0"构成的,因此被认为对两性具有特殊的意义,是和谐稳定的符号。在西方人眼中,竖立摆放的"8"是幸福,横着摆放的"8"是无穷,二者相加则代表"无穷无尽的幸福"。

在汉语中,数字"八"的谐音很丰富,并受到人们的欢迎,尤其很多商人为了博取好彩头,不惜代价买与"八"或"8"相关的东西。

另外,数字"八"还是"四"的倍数,因此有了完美、周到的含义。例如:

才高八斗:形容一个人知识丰富、文采卓越

八菜一汤:用来招待客人的传统礼节

### 6. nine 与"九"

nine 这一数字在西方是作为"神数"存在的,其与 three 有着同等重要的地位,且 nine 是 three 的三倍,而任何事强调"三位一体",这才能达到一个完美的统一,因此 nine 有了完美、圆满的意义。例如:

nine pins:保龄球的九个瓶装木柱

a cat has nine lives 猫有九命

在中国文化中,数字"九"被认为数之极,即"天数",表达了多的含义,如"九重霄"。

另外,中国文化中的"九"是龙或蛇图腾文化的文字,也正因如此才演化出尊贵与神圣的含义。皇帝喜欢用"九"象征自己的权力与地位。例如：

　　九五之尊：古代帝王的尊位

　　九宗七祖：祖宗的全称

## （二）英汉数字词翻译

### 1. 直译法

直译是指照字面翻译，不做太多引申。直译法可以保留原文形象，但应保证不会引起歧义。例如：

　　hang by a thread 悬于一线

　　an inch of time is an inch of gold 一寸光阴一寸金

　　一石二鸟 kill two birds with one stone

　　三三两两 twos and threes

　　一日不见如隔三秋 one day apart seems three autumns

### 2. 意译法

英汉数字使用存在较大差异，翻译时如果照搬字面意思，可能引起目标语读者的误解，甚至不知所云，因此意译有时是必要的。例如：

　　in two mind 三心二意

　　think twice 三思而后行

　　in threes and fours 三五成群

　　三心二意 hesitant

　　乱七八糟 at sixes and sevens

　　千载难逢 very rare

　　冰冻三尺，非一日之寒。

　　An iceberg is formed in one month.

### 3. 省略法

有时，根据译入语的表达习惯，数字无须译出。遇到这种情

况时可以采用省略法进行处理,以免画蛇添足。例如:

A small man, a big mind.

小个子,大才智。

She is a second Leifeng.

她是雷锋式的人物。

八字脚 splayfoot

八音盒 musical(or music)box

总体而言,英汉习语、典故、人名、地名、颜色词、数字词这些特殊词蕴含着丰富的文化寓意,而且表现出显著的差异。这些词语的翻译并非易事,需要在充分了解它们文化内涵的基础上,灵活有效地选用恰当的翻译方法,这样才能准确传达它们的含义。

# 第八章　英汉物质文化对比与翻译

物质文化是文化的重要内容,是社会能够向前发展的基础与前提。简单来说,物质文化指的是一个民族为了生存、发展而创造出的产品,包括生产工具和劳动对象以及创造物质产品的技术。物质文化源于技术,却与社会紧密相关,反映着一个民族的社会经济、文化历史等。服饰和建筑是典型的物质文化,它们是人类生活不可或缺的物质条件,也是人类智慧和文化的结晶与载体。因文化背景的不同,英汉物质文化有着显著的差异,本章将对英汉物质文化进行对比分析,然后探讨它们的翻译情况,以便不同民族的人们更好地了解对方的文化。

## 第一节　英汉服饰文化对比与翻译

在人类历史与文化的发展进程中,服饰不仅同人们的生活息息相关,而且还是具有丰富民俗文化特色的重要元素。可以说,服饰是一个民族在物质文明、精神面貌和文化素养等方面的综合体现。英汉民族在历史的发展过程中形成了不同的服饰文化,本节将对英汉服饰文化对比与翻译进行探究。

### 一、英汉服饰文化对比

英汉服饰文化有着显著的差异,这种差异集中体现在着装理念、服饰造型、服饰色彩、服饰图案、服饰礼仪等方面。

### （一）着装理念对比

英汉民族在着装理念上的差异十分明显。中国的服饰蕴含着浓厚的礼仪道德色彩，因此比较端庄、传统与保守。而西方服饰主要推崇实用性，因此比较开放、随意，可变性较强。

#### 1. 西方的着装理念

西方人强调个性，对个性的推崇体现在服饰上就是强调人的第二特征。男士的服装不仅要将胸部、肩部的宽阔凸显出来，也要凸显腿部的挺拔，这是男性风范的体现。女士的服装要注重隆胸与臀部的扩张，同时收紧腰身，这是女性人体魅力的体现。可见，西方人强调以自我为中心，在服饰上必然会彰显自我、凸显个性。

#### 2. 中国的着装理念

随着中国几千年的发展，儒家、道家理念相融合，成为中国古代哲学思想的主流。具体来说，儒家以礼、德对服饰加以规范。道家则认为，自然是人类最理想的状态，因此服饰也应该与自然相适应，展现出人与自然的和谐相融。在服饰设计上，人们主张对人体加以遮盖，不能炫耀自我，切忌过度地表现个体。另外，服装设计也非常宽松，这样给人以无拘无束之感。

在中国的传统文化中，服装行为规范是作为修身的一项重要内容存在的，而且对人们的着装生活起着重要的作用。可以说，中国服装的遮体是严谨、一丝不苟的代表。

中国人对服饰非常注重，起初并不是为了表现漂亮与舒服，而更多的是为了表现合乎礼仪，即不仅要合乎身份，还要合乎场合。在古代的服饰制度中，对服饰的适用人群、款式、面料等都做了明确的规定。在近代中国，中国国门被打开，引入了西方文化，受西方文化的影响，中国人接受中山装，这类服装也具有西式男装的特点。但相较于西服，中山服仍体现着中国人的性格特点，即端庄含蓄、封建保守。

（二）服饰造型对比

1. 西方服饰造型

（1）外形

西方古典的服饰强调横向感觉，常采用横向扩张的设计特点，注重肩部的轮廓，以及各种硬领、轮状领，袖型很膨胀，裙撑较为庞大，加之重叠的花边以及浆过的纱料和各部位的衬垫，使服饰在线条上给人一种夸张和向外放射的感觉。西方服饰的这种外形特点是与西方人的性格及外形特点相适应的。西方人通常比较热情奔放，脸部轮廓起伏明显，体型也比较高大挺拔，故服饰都比较夸张。

（2）结构

在结构上，西方的服饰如同一个立体的雕塑，这与中国服饰的平面直铺形成明显的对比。也就是说，西方服饰讲究立体效果，追求服饰与人体结构的适应性，目的是让人们穿起来更为舒适，也非常实用。西方服饰的这一特点受到了世界上很多国家的欢迎。

就局部结构而言，西方服饰广泛使用袒领和轮状褶领。轮状褶领的制作工艺是先为布料上浆，然后再进行熨烫，最终形成连续的褶裥，在制作时偶尔也会使用细金属，目的是起到支撑的作用。在西方的服饰中，垫肩、垫袖等衬垫的填充物是很常见的，且款式也是多样的。

（3）装饰

西式服饰为了表现三维效果，采用了立体式的结构设计。装饰在造型上为了适应整体结构，也追求空间感和立体感，主要通过借助一些立体物，如荷叶边、穗饰花结、褶裥、金银丝带、切口等来装饰服饰的表面。初期，花边、花朵等装饰物非常少见，且很少用于对服饰表面的效果的装饰，到了洛可可时期，一些礼服上常见立体花，因此立体花在之后盛行起来。

西式服饰选择立体装饰的精彩之处有两个：一是为了与立体结构造型相称，给人一种浑然天成之感；二是为了与西方人的审美心理相符。平铺的服饰设计视觉效果单调，给人一种一览无余的感觉，但具有层次感的服饰设计能够给人以观赏的美感。

**2. 中国服饰造型**

中国的传统文化强调均衡对称和统一协调，是一种和谐文化。这一点也体现在中国服饰的造型上，中国服饰以规矩、平稳为美。同时，中国传统文化也是一种隐喻文化，艺术更偏重抒情性，这一点在服饰上的体现就是，服饰构成要素的精神寓意和文化品位。

中国服饰造型的发展其实展现了中国独特的文化，这决定于中国人的身体结构。中国人是黄色人种，人体曲线展现得并不十分明显，加上中国人讲究含蓄与自尊，因此在服饰上多为宽大的服饰。受中国传统的儒家思想影响，中国的服饰都讲究把人的身体包裹得严严实实，衣袖、衣领也紧扣起来，这样才能显示出封闭与保守。

（1）结构

在结构方面，汉民族的传统服饰，如袍、衫、襦和裈等，大多采用平面直线裁剪方法，没有起肩和袖窿部分，只有袖底缝和侧摆相连的一条结构线，结构简单舒展，整件衣服可以平铺于地，展现出美妙的意境之美。如图 8-1 所示。[①]

从局部结构特点来看，中式服饰的对开 V 领、直立领、斜交领、衣服下摆两侧开衩，以及衣服的对襟、大襟、琵琶襟等，都具有浓郁的东方特色。中式服饰的这些特点也经常被设计师用来表现中国服饰的趣味，其中以中式立领和衣服下摆两侧开衩最为典型。

---

① 郭锐，徐东. 汉族服装结构造型中的文化内涵[J]. 南宁职业技术学院学报，2008,(2):18.

**图 8-1　汉民族传统服饰的平面结构示意图**

（资料来源：郭锐、徐东，2008）

（2）外形

传统的中国服饰讲究纵向的感觉。服饰从衣领开始自然下垂，对肩部不做夸张，衣袖一般长到过手，袍裙呈筒形，衣服多采用下垂的线条，纵向的装饰手法，使人体显得修长。受古代中国的影响，亚洲许多国家的服饰也有此特点。清代的服饰比较肥大，袖口、下摆都向外扩张。但是，清代妇女的服饰却显得比较修长，服饰的旗髻很高，加上几寸高的花盆底鞋，使旗人与历代妇女相比显得高挑。

传统中国服饰的这一外形特点，弥补了东方人较为矮小的身材，在感官上产生视错觉，给人一种修长感，从而在身材比例上达到完美、和谐。修长的中式服饰使男性显得清秀，女性显得窈窕。同时，平顺的服饰外形也和中国人脸部较柔和的轮廓线条相适应。

（3）装饰

中式服饰受平面直线裁剪的结构特点影响，装饰以二维效果为主，强调平面装饰。装饰手段上也具有明显的中国传统性，包括镶、嵌、盘、滚、绣等工艺。基于这些工艺，中式服饰的纹样呈现斑斓的色彩,造型也给人以美感。刺绣是最常见的手法,其彰显着中国服饰的东方神韵。

中式服饰的结构与廓型往往非常稳定,也十分注重平面的章法。人们在对一件服饰进行审视时,更侧重于如何搭配色彩,如何使用针法进行刺绣,如何设计图案等。对于服饰衣襟、领、袖、扣、边褶的变化,服饰设计者也非常注重,补子是中式服饰独有的装饰手段。

（三）服饰色彩对比

1. 西方服饰色彩

在罗马时期较为流行的颜色是紫色、白色。其中紫色是财富与高贵的代表;白色是正直与纯洁的代表。

文艺复兴以来,服饰的奢华程度不断提高,人们开始喜爱明亮的色彩。例如:

（1）英国人将黑色视为神秘、高贵的象征。

（2）法国人喜欢丁香色、蔷薇色、圣洁的白色以及含蓄的天蓝色。

（3）西班牙人崇尚高雅的玫瑰红和灰色调。

进入现代,人们更加崇尚颜色的视觉效果,因此往往从自己的喜好出发选择颜色,且不会受到等级、地位等的影响与制约,呈现开放的个性。

2. 中国服饰色彩

颜色可以从一定程度上反映一个民族潜在的性格特征。《舆服志》记载:"夏尚黑,商尚白,周尚赤,秦复夏制尚黑,汉复周制尚赤;唐服尚黄而旗帜尚赤,宋相沿,元尚黄;明改制取法周、汉尚朱（赤）;清又复黄。家国一统,少有逾越。"①可见,中国服饰的色彩

---

① 卢红梅.华夏文化与汉英翻译(第二部)[M].武汉:武汉大学出版社,2008:207.

具有强烈的时代性与等级性。

在上古时代,黑色被中国的先人认为是支配万物的天帝色彩。夏、商、周时期天子的冕服往往都选择黑色,后来随着封建集权制度的发展,人们对黑色的崇拜转向黄色的崇拜,因为黄色是大地的颜色,于是形成黄色尊贵的传统。

阴阳五行学说对中国的服饰色彩也带来较大影响。具体来说,阴阳五行学说将青、红、黑、白、黄这五种颜色定为正色,其他颜色为间色。正色是统治阶段专用的颜色,普通大众不得使用,否则会遭受杀身之罪。这种被统治阶级选中的颜色如果被民间使用了,那么这种颜色就被认为是卑贱的颜色。

### (四)服饰图案对比

#### 1. 西式服饰图案

西方国家服饰上的图案随着历史变迁而不断变化。

(1)最早出现的是花草图案,而到了文艺复兴时期,花卉图案颇受欢迎。

(2)法国路易十五统治时期,洛可可装饰风格对服饰图案的影响较大,流行表现 S 形或旋涡形的藤草和轻淡柔和的庭院花草图案。

(3)到了近代,野兽派的杜飞花样、利用几何错视原理设计的欧普图案、以星系或宇宙为主题的迪斯科花样和用计算机设计的电子图案较为流行。

#### 2. 中式服饰图案

中式服饰图案的特点体现在如下两个方面。

(1)代表一种精神理想。中式服饰的图案多以代表古代文人精神理想的植物为主,如梅花、兰花、松树、菊花等,因此在一些文人士大夫的服饰上很容易找到这些图案。

(2)表达吉祥、美好等意味。寓意图案和谐音图案、吉祥文字图案等是明代之后才出现的装饰图案,后来被广泛认可,一直延续至今。例如,九龙戏珠、龙飞凤舞、龙凤呈祥等图案表达着中国人作为"龙的传人"的自豪;凤穿牡丹、喜鹊登梅、鹤鹿同春等图案则寄托了广大劳动人民对美好生活的希望。

### (五)服饰材料对比

#### 1. 西式服饰材料

受地理环境的影响,西方国家使用较多的服饰材料是亚麻布。这主要是由于以下三个方面的原因。

(1)西方国家的地理环境适合亚麻的生长,很多国家都盛产亚麻。

(2)亚麻布易于提取,既有凹凸美感又结实耐用,非常适合于日常的生活劳作。

(3)西方国家提倡个人奋斗,多劳多得,亚麻布直接体现了这种实用主义价值观。

#### 2. 中式服饰材料

中国服饰的材料十分丰富,包括麻、丝、棉等。其中,丝是较具中国特色的一种材料。五千年前,中国就开始养蚕、缫丝、织丝,应该说中国是世界上当之无愧的丝绸之国。实际上,丝是一个总称,根据织法、纹理的差异,丝可进一步分为素、缟、绫、纨、绮、锦、纱、绸、罗、缣、绢、缦、缎、练等。可见,中国的制丝工艺已发展到了相当高的水平,是中华人民智慧的结晶。丝绸质地细腻柔软,可用于多种类型的服饰及披风、头巾、水袖等。此外,丝绸有着飘逸的美感,穿在身上能通过肢体动作展现出一幅流动的画面,美丽动人。

### (六)服饰礼仪对比

#### 1. 西方服饰礼仪

西方人十分注重服饰礼仪,其服饰礼仪甚至比中国的服饰礼仪还要全面。

英国人十分注重礼仪,英国人在参加宴会时,男士往往会选择着燕尾服,并佩戴礼帽,手撑雨伞或文明棍,女士往往着连衣裙或深色套装。

法国人也对服饰礼仪非常考究。在正式场合,法国人往往着西装、套装、礼服等,色调也以深色为主。同时,在法国人眼中,服饰需要与配饰等相匹配,这样才能彰显出穿戴者的个人魅力。

美国是一个十分自由的国度,在服装上也较为随意。人们喜欢穿着舒服的衣服,T恤和牛仔裤是最常见的搭配形式。

2. 中国服饰礼仪

在传统的中国服饰中,旗袍和中山装是其代表。但是随着时代的发展,中国的服装也逐渐多元化。在穿衣时,中国人的服装可以分为中式服装和西式服装。中国的服饰礼仪在红白事中体现得尤为明显。在丧事上,中国人习惯穿白色的衣服,从而显示出对死者的尊重。在喜事上,新娘和新郎多穿红色衣服,代表喜庆、红红火火。

(七)服饰审美对比

1. 西方服饰审美

西方的服饰审美体现出"荒诞"的特点。"荒诞"是与传统和谐审美标准相对立的形式表现,其诞生源于两个原因。一是随着历史的发展,和谐逐渐过渡到荒诞;二是荒诞满足了西方审美追求向前发展的需要。具体来说,西方在对和谐进行追求的过程中,走入了山重水复的情境,这时需要一种新的表现形式的诞生,而荒诞恰好就是这样一种形式。

在哥特时期,西方服饰的荒诞就开始出现,之后的文艺复兴、洛可可等风格的出现,也是荒诞审美的表现。但是,真正将荒诞视作一种美来呈现的,还是在美学上的存在主义出现之后。荒诞是一种为了表现而表现的意识,其中加入了很多形式美的要素,完全置于形式表现的氛围中。20世纪60年代以后,男士对服饰风格的追求不再是阳刚与英挺,而是柔性与颓废。进入20世纪70年代,一种叛逆风格的"朋克风貌""海盗服"等应运而生,这也是对传统服饰风格的一种冲击。事实上,这些造型与款式都是荒诞意识的代表,也不经意地利用了视觉与错觉,进行了各种形式的创造,在荒诞中彰显一种可爱的味道。20世纪80年代,后现代主义风格将冲突、凌乱、反讽等作为主题,出现了文身风潮、颓废造型等。20世纪90年代,受多元化与国际化的影响,服饰的荒诞风格也呈现了多元化。荒诞的风格也越来越成熟,并融入了各种形式的美。现在,西方服饰的荒诞依然存在,但是出现了各种创新的形式。

### 2. 中国服饰审美

中国服饰审美呈现出"逍遥"的特点。"逍遥"是一种自由的概念,并深刻地影响着人们的审美。在中国古代的服饰中,"逍遥"是"气"的自由表达与精神传达,服饰的逍遥美与中国的"气"是串联在一起的。在中国古代文化中,仁、义、礼、智是人的本性,而人与制度达到完全契合时就会形成一种"随心所欲"之感,即所谓的自由。根据道家思想,人的美好是本性的美好,不需要外在来进行掩饰,只要保持内心的气、意、神的结合,就能够实现人与自然的合一。正是这样的融合,才能达到一种超脱自然的逍遥姿态。因此,这种逍遥美就是中国服饰的审美基调,也是以后中国服饰的一种审美走向。在中国近代服饰上,虽然独创的风格很少,但是这种逍遥之风仍然禁锢在人们的穿着与审美之中。

### (八)代表性服饰对比

### 1. 长裙与旗袍

### (1)长裙

西式长裙是西方女性的代表性服饰,其能完全呈现女性的身材美。长裙的特色在于凸显女性身体各个部位的反差,从而对性感部位加以强化,具有明显的浪漫主义情怀。西式长裙结构非常复杂,能够对身体的面积与长度进行延伸,往往是人还没到,就可以听到裙子的声音,尤其是晚礼服、婚纱等都是最好的体现。

(2)旗袍

旗袍是清朝旗人的一种服饰,有单袍、夹袍、丝绵袍等。当时旗袍的主要作用是掩盖身体,因此腰身比较平直且宽松,有着宽大的袖口,衣长直至脚踝。

到20世纪初期,现代意义上的旗袍开始出现,并在20世纪三四十年代发展至顶峰,成为当时中国女性的代表性服饰。当时,我国上海对海派的西方生活方式有所崇尚,因此对旗袍进行改良,从对身体曲线的掩盖转变为对女性美的彰显,使旗袍脱离了旧俗模式,成为当代女性的国服。

在用料上,旗袍多选用绸缎类、真丝类,这些料子穿起来非常舒适,尤其对于贴身的旗袍来说,更符合女性的肤感。现在的旗袍也有其他料子的,如混纺料,这种材料的旗袍非常挺,同时不容易出现褶皱。

## 2. 西装与唐装

(1)西装

17世纪,西装在欧洲诞生,发展至今已成为男士出席各种场合的重要服装。西装具有端庄、整洁的特征,而且有着丰富的文化底蕴,使用人群广泛,因此备受欢迎。

西装的面料、色彩等与中国的唐装存在差异,在面料上,古代欧洲往往选择亚麻布或半毛织物。在颜色上,古希腊人崇尚白色,古罗马人崇尚白色与紫色,因为在他们眼中,白色是纯洁的代表,紫色是高贵的代表。自欧洲文艺复兴以来,人们开始追求奢华,很多衣服配有明亮的颜色,如法国崇尚丁香色、天蓝色等,西班牙人崇尚银灰色等。

此外,西装的穿着与搭配也非常考究。如果一位男士身材粗壮,一般会选择单排扣的西装,且保证合身的尺寸,可以稍微选择小一些的西装。同时,为了遮掩腹部,一般要扣上纽扣,且颜色最好为深色。在裤子的配饰上,这一类人往往不会选择皮带,而是选择背带。如果一位男士身材矮小,则适合穿间隔不太大的深底细条纹西装,以便看上去更高挑一些。上装的长度应该选择短一些的,这样会凸显腿部长一些,并配有直条纹尖领衬衫与颜色鲜艳的领带。选择的裤子应该是裤线不明显的,选择的鞋子应该高一些,这样能增加他的高度。如果一位男士身材高挑,其最好选择双排扣与宽领的上衣,配有宽领衬衫与丝制宽领带。裤子应有明显的折线,穿上宽皮带与厚底皮鞋,给人一种敦厚之感。

(2)唐装

由于唐朝是我国历史上非常兴盛强大的一个王朝,在世界上的影响巨大,因此人们将具有中国古典特色的服装称为"唐装"。如今,"唐装"仅仅是一个泛化的称呼,代表的是中国所有的传统特色服装,不仅仅是指"唐朝服装"。

唐装有别于西装,潮人一般将唐装称为"本地衫裤",其分为两类:开胸衫与大衫。而裤是将左右两个比较宽大的褶皱缝起来,与裤裆相接,再在裤子的褶皱上附上半尺高左右的较薄的裤头。开胸衫为平裾,胸前为平分均开,领子有七个纽扣,小孩的为五个,从领子下到衣角会均匀缝上几个纽扣。一般,开胸衫为男士的衣服。大衫是在领子下斜襟到右边腋下部分为开口处,然后一直垂直到腰部。纽扣也是从领部到腰部均匀缝制,一般也包含七个纽扣。大衫为女士的衣服,穿在内衣外作外衣。

唐装上一般有各种图案,有飞禽走兽、四季花卉以及几何纹样,这些图案或表达吉祥寓意,或展现个性等。

## 二、英汉服饰文化翻译

通过对比英汉服饰文化,可知两个民族的服饰文化风格迥异,在翻译时只有采取一定的方法或技巧,才能准确表达服饰的文化内涵。

（一）西方服饰文化翻译

### 1. 直译

多数情况下,西方服饰的汉译都采用直译法,这主要适用于不具备文化内涵的服饰的翻译。例如:

frock coat 双排扣长礼服

uniform 制服

polo shirt 球衣

mini shorts 超短裤

jeans 牛仔裤

### 2. 把握相关习语的内涵

英语中很多习语源自服饰,在翻译这样的习语时,就不能采用直译法进行翻译,而要追本溯源,将习语的内涵挖掘出来。

例如,a bad hat 这个短语的含义并不是"坏帽子",而是"坏蛋、流氓",美国人常用这个习语代表"蹩脚的演员",指代的是那些无用的人。

再如,对于 at the drop of a hat 这一短语,很多人将其翻译为"帽子掉地上",实际上它是指代一触即发的人、火暴脾气的人。这个习语源自以前的战斗,裁判员突然将举着的帽子扔到地上作为可以开枪的信号。

### 3. 把握文化空缺词

因生存背景的差异,英汉物质文化存在文化空缺现象。对于这类词的翻译,不能按照字面意思来翻译,而是要将其在原文中的效果传达出来,译出其原作中的文化内涵。例如,对于帽子,西方就有很多表达。

bowler 常礼帽

fez 红毡帽

Stetson 牛仔帽

Skull-cap 无檐帽

中国读者对于"礼帽"可能还算熟悉,但是其他的帽子可能就不太熟悉了。再如:

have a green bonnet/wear a green bonnet

上述短语直译的意思是"戴绿帽子",但这样翻译是错误的,其含义为"破产",这就要求译者在翻译时不能直接按照字面意思翻译,而应该弄清楚其负载的文化内涵。

### 4. 明确服饰的特殊指向

不同领域的人们往往会穿戴与其身份或工作相关的衣服,久而久之,人们就会使用一些具有代表性的服装来指代穿这类衣服的人。例如:

a bass hat 位高权重的人

blue collar 蓝领工人

boiled shirt 拘泥刻板的人

gold collar 金领阶层

gray collar 灰领阶层

silk gown 赋有英国皇家律师高贵身份的人

stuffed shirt 爱摆架子的人

white collar 白领阶层

### (二)中国服饰文化翻译

### 1. 音译加注释

服饰首先是为人们的生活服务的,所以其具有自身的用途和功能,在翻译时就要对其用途和功能加以关注,即告知译入语读者某一服饰产品的用途。在中国,很多传统服饰品都是中华民族特有的,这对于外国人而言是很新鲜的,甚至是没有听说过的。

对于这类翻译,可以音译的基础上进行阐释,以便于译入语读者理解与把握。例如:

云肩 Yun-jian(a kind of shawl,a women's distinctive and decorative accessory wrapped around the shoulders,which is made of colored silk brocade and embroidered with four symmetrical and connected moire pattern.)

如果直接音译,译入语读者显然是不能理解的,因此有必要在其后补充解释,以便译入语读者一目了然,也只有让译入语读者对该服饰品的功能有清晰的把握,才能展开对该服饰品后续的文化解读。

### 2. 意译

意译法指的是在翻译时对原文出现的特定形象进行转换,不求在形式上与原文对等,但求传达原文的内涵与深意。这样的翻译往往见于诗词中关于服饰的表达,目的是彰显传统文化的意境悠远的文化色彩。例如:

青袯蒙头作野妆 Working in the paddy field with blue clothing and cowl.

上例中以现在分词引导,展现出江南水乡俊俏的女子在田间劳作的情景,给人以超乎自然的魅力。再如:

那男孩子的母亲已有三十开外,穿件半旧的黑纱**旗袍**,满面劳碌困倦,加上天生的倒挂眉毛,愈觉愁苦可怜。

(钱钟书《围城》)

The toddler's mother,already in her thirties,was wearing an old black chiffon **Chinese dress**;a face marked by toil and weariness,her slanting downward eyebrows made her look even mole miserable.

(珍妮·凯利、茅国权 译)

### 3. 多角度翻译

中国服饰不仅文化内涵丰富,而且承载着丰富的情感。例如,"绣荷包"从儒家人伦观的角度来说,体现了中国的传统观念;从风俗的角度来说,这可能代表一种定情之物;从审美的角度来考量,这可以说是中国古代的一种工艺品。为了便于读者准确了解其文化含义,译者就要根据具体语境以及译入语国家所处的民族、风俗、审美习惯等,将隐含的民族文化语义揭示出来。关于"绣荷包"的翻译,可以从以下几个方面进行翻译。

代表"定情之物"a token of love for male and female

代表"手工艺术"the magnificent hand-made folk art

# 第二节　英汉建筑文化对比与翻译

建筑是人类为了自己及其所属所建造的栖身之地,是人类生活的重要组成部分。在长期的历史发展过程中,建筑文化随之产生,并对文化与社会的发展起到了一定的反向促进作用。在地理环境、风俗习惯等因素的作用下,英汉民族形成了不同的建筑文化,体现出了各自的价值观与审美情趣。本节将在对比分析英汉建筑文化差异的基础上探讨它们的翻译。

## 一、英汉建筑文化对比

### (一)建筑价值观念

#### 1. 西方建筑价值观念

西方建筑价值观念有着自身强烈的特色。西方建筑在材料的选取方面,多使用石头,体现出了西方人对理性生活的追求,同时也体现出了人定胜天的思想。西方人看重人的力量,追崇理性思维,因此其建筑多给人冷静、稳重之感。

西方人追求自由,这在英国伦敦的圣保罗大教堂就有着鲜明的体现。教堂代表的是人们的精神,是神圣不可侵犯的。这种哥特式的教堂往往呈现灵动、奔放的力量,线条的直升、空间推移的奇突,光线的色彩斑斓等,形成一种"非人间"的境界,给人以神秘之感与冲力,充分表达了人们对自由的追求。

另外,发达而丰富的西方哲学也给西方建筑带来了深刻的影响。特别是西方哲学当中的以人为本、和平民主、博爱平等、自由浪漫的思想,对古希腊、古罗马建筑文化的影响尤其明显。

### 2. 中国建筑价值观念

中国自古便追求"天人合一"的境界,这一点也体现在中国的建筑文化中。中国自古以来,在建筑上多选用土木材料,体现出了对大地和植物的热爱,表达了希望人和自然和谐相处的建筑理念。在建筑命名上,喜欢将高大的建筑群称为"殿"或"堂",体现出了建筑的气势恢宏。从这些方面上体现出了中国建筑质朴、充满生机、顺应自然的灵秀之美。其中,天坛整个建筑堪称中国最圆满的建筑作品之一,体现出了古人对天人合一思想的追求与实践。

### (二)建筑形制对比

建筑形制指的就是建筑物的形状与模式,其是建筑文化的重要组成部分。中西方建筑在建筑形制上有着显著的差异。

### 1. 西方建筑形制

西方建筑指的是从古希腊一直到 19 世纪的西方古典建筑。

（1）古希腊时期的建筑

古希腊时期的文明多以神话传说为主,为了祭拜神灵,与神灵交流,寻求庇佑。古希腊人强调"人神合一",因此其建造了很多气势庞大的神殿,认为神与人一样,有着七情六欲。但是,神有着明显的不同,他们在外形上是完美的,对世间的一切事物加以控制。

希腊人将神话中的人文关怀和人文精神都融入了神殿的建设中。希腊的神殿以大理石为基座，以大理石柱为支撑，柱子顶端为横眉，上方的三角眉饰以精美的神话题材雕塑，整个神殿为长方形，殿内高大开阔，神殿的尽头建有巨型的神灵雕像。具有代表性的希腊神殿当属雅典的帕特农神殿。

（2）古罗马时期的建筑

崇尚暴力是古罗马帝国最重要的特点，因此其在建筑上也有所体现。古罗马帝国的宫殿与贵族的府邸都是世界建筑师的精彩作品。古罗马帝国还修建了很多公路网络，也修建了多个竞技场、斗兽场等。为了解决饮水问题，古罗马人还修建了水渠。

（3）文艺复兴时期的建筑

文艺复兴时期的建筑重新采用了古希腊罗马时期的柱式构图要素。这是因为，古希腊罗马时期建筑中所体现的和谐与理性迎合了文艺复兴时期的人文主义观点。文艺复兴时期的建筑特征是庄严肃穆、刚劲有力，以轴线构图为主的建筑极具个性。

（4）17世纪至18世纪时期的建筑

17世纪的欧洲出现了新一轮的建筑高潮。这一时期，人们将建筑的重点置于花园别墅、中小教堂等。这一时期的建筑风格非常奇特，不惜采用贵重的材料，彰显装饰之美。这种风格往往被称为"巴洛克"式建筑，其打破了对古典建筑理论的盲目崇拜。由于巴洛克风格下的教堂都较为神秘，且是神秘感与财富的彰显，因此很快盛行于欧洲与美洲。

（5）19世纪时期的建筑

19世纪，钢铁成为一种重要的建筑材料并得到了广泛的应用，人们开始进入一个全新的建筑时代，彻底打破了建筑在空间高度上的限制，但是欧洲的建筑风格在整体上仍然体现着古典建筑的风格。这一时期最为流行的两大建筑思想就是古典复兴和浪漫主义。

古典复兴又被称为新古典主义建筑。这种风格的建筑形式符合逻辑，形体独立、单纯、完整，细微之处处理朴实，装饰性构件较少。大多数的法院、国会、交易所、银行、剧院、博物馆等公共建筑以及一些纪念性的建筑都采用的是古典复兴建筑思想。最具代表性的建筑有英国伦敦的大英博物馆、法国巴黎的凯旋门等。

浪漫主义建筑思潮最早在英国诞生，随后扩展到欧美地区，其追求超凡脱俗的异国情趣，提倡自然主义与艺术个性，如曼彻斯特的市政厅就是这样的艺术风格。

欧洲历史上民族众多，各民族之间影响巨大，思想变革此起彼伏，在这样的背景下，西方的建筑呈现出建筑实物类型富于变化、建筑流派多种多样、建筑风格个性鲜明的特点。

## 2. 中国建筑形制

受我国两千多年封建社会与农业文明的影响，我国的社会格局与伦理道德变化很小，整个社会趋于稳定，这导致中国的建筑形制较为稳定。

（1）中国古都和皇家宫殿

中国有著名的七大古都，其中西安是中国隋唐时期的都城，其在唐朝时期东临浐水和灞水，北依渭水，地势南部偏高，北部偏低，城区有水道贯穿，四周有高墙包围，整个城区占据较大的面积，是当今世界上比较繁华的都城。从当时的西安可以看出，唐朝的都城都展现了"大唐风范"。当时，民族间交融现象也非常频繁。

南京在历史上曾被称为建业、建康、金陵，到了明代才改称为南京，是我国非常著名的"六朝古都"。明朝时期的南京城城墙由巨大的砖块砌成，以花岗岩为城基，共设有 13 道城门，门上设有楼阁，有的甚至还建有瓮城。

北京是明清两朝的都城，是现在保存最完好的古代城市格局与宫殿建筑群，如明朝建立的紫禁城，以南北主轴线作为中心，呈现基本对称的格局，由将近千座的单体建筑构成，整个建筑气势非常庞大，布局也比较严密。

（2）中国的园林

我国的园林建筑最早是从商周时期开始的,经过各个朝代的发展,逐渐趋于完善,主要包括皇家园林和私家园林两类。

皇家园林是专为皇族纵情享受、休闲娱乐而建的,所以其建筑的规模一般比较大,有很多真山真水,园中的建筑大多高大宏伟、富丽堂皇,每一处设计都尽显皇家风范。比较著名的皇家园林有北京颐和园、承德避暑山庄等。

私家园林是富商等人怡情养性的地方,其建筑规模较小,往往采用假山水,园中大多玲珑剔透,彰显淡雅风格,且曲径通幽,小桥流水,给人以流连忘返的感觉,如恭王府、拙政园等就是这样的建筑。

（3）中国的民居

中国现存的古代民居大多是明清两朝留下来的平民居所。由于受地区和气候差异的影响,中国的民居呈现出多样的形式和各异的风格。比较有民族特色的主要有南方的吊脚楼、苏州民居、福建客家土楼、西北地区的窑式民居以及北京的四合院等。

总而言之,中国的建筑形制是一脉相承的,但是建筑类型较为单一,形制变化也很少,这主要是受中国文化传统的影响,呈现了一定程度的稳定性。

（三）布局理念对比

1. 西方建筑布局理念

西方建筑呈现几何线条,是敞开的、有秩序的,如广场的设计,这是非常开放的,其与建筑构成了一个有趣的图画,且与城市环境相融合。当然,广场是整个建筑的附属,真正居于主体的是广场中间的其他建筑。

2. 中国建筑布局理念

中国建筑体现出一种围墙文化的特征,不管是中轴线设计,还是园林的错落有致，都是这种特征的外在体现。此外，殿堂或者庭院建筑也都有围墙，且宫殿、大堂是整个建筑的核心区域，其他建筑都是围绕这一核心来展开设计的。

（四）审美观念对比

1. 西方审美观念

西方人是理性思维，较为看重事物的实用性。体现在建筑上就是注重打造灵活多样的实体，注重物的形式之美以及外在景象给人带来的愉悦之感。西方古典建筑多呈现几何图形，非常壮观与大气。虽然经过了历史的变革，但是各个历史阶段都有着各自的特点。只要人们稍微有点常识，就能够将哥特式建筑与巴洛克式建筑区分开来。

可见，西方建筑文化是明确的、理性的，他们认为一切事物的根本标准就在于数，且在比例上体现了明确的数理文化。

2. 中国审美观念

在建筑审美观念上，中国人注重追求对称美，通过中轴线的设计来营造一种对称的感受。很多中国古代宫殿，都给人一种气势恢宏之感，这在很大程度上得益于有着对称作用的中轴线。同时，在纵向上看，中国很多建筑在中轴线旁边建造一些次要的对称图形，来表现主次之分。事实上，中国的这种审美风格是受中国政治文化与君臣文化影响的，暗示着中国对中庸、保守、和谐思想的推崇。

另外，中国比较有特色的园林建筑也彰显了中国人对意境美的追求。例如，苏州园林多比较精巧，且景观多呈现变化性，虚实的构思在园林多处设计上有所彰显，形成了一种水乳交融的景象，令很多文人雅士流连忘返。

# 二、英汉建筑文化翻译

由于英汉建筑文化的差异，在语言中关于建筑的表达也不尽相同,因此给建筑文化翻译带来了很大困难,需要译者采用恰当的翻译方法灵活处理。

（一）西方建筑文化翻译

1. 专业词汇的翻译

由于西方建筑文化中的很多常用语在汉语中都有对应的表述,因此在对这些内容进行翻译时可采取直译法。例如:

abutment 桥台

architecture 建筑

bearing 承载力

condole 吊顶

cure 养护

ear 吊钩

masonry 砌体

mortar 砂浆

pier 桥墩

refuge 安全岛

reinforced concrete 钢筋混凝土

sandwich board 复合夹心板

glass 玻璃

clinkery brick 缸砖

common brick 普通砖

facing brick 铺面转

cellar 地下室

chimney 烟囱

corner 墙角

curtain 窗帘

door 门

fireside 壁炉

floor 楼层

log 圆木

pillar 柱/柱脚

stair 楼梯

tile 瓦

wall 墙

window 窗户

woof 屋顶

garden 花园

grass 草地

2. 长句的翻译

在描写建筑时,英语中常采用比较严密的结构,所以,常使用结构复杂的长句。在翻译这些长句时,首先要分析长句的句法结构,清楚各个层次的意义以及之间的逻辑关系,然后按照汉语的表达习惯进行表述。通常来讲,当英语长句的句法结构与汉语一致时,就可以采用直译法;当英语长句的句法结构与汉语相反时,就可以采用逆译法。例如:

The bending moments, shear and axial forces, and deflections of reinforced concrete frames at any stage of loading from zero to ultimate load can be determined analytically using the conditions of static equilibrium and geometric compatibility, if the moment-curvature relationships of the sections are known.

如果截面的弯矩——曲率关系已知,钢筋混凝土框架从零到极限荷载间任一加载阶段的弯矩、剪力、轴向力和挠度,均可以通过静力平衡与几何相容两个条件应用解析方法来确定。

在翻译上述长句时,译者在仔细分析原文句法结构和逻辑关系的基础上,采用了逆译法进行翻译,这样在准确传递原文信息的同时,也符合汉语的表达习惯。

（二）中国建筑文化翻译

### 1. 约定俗成法

中国是世界闻名的古国,拥有很多著名的古典建筑。很多学者对这些古典建筑进行过研究与翻译,随着时代的发展,这些翻译逐渐固定下来,成为约定俗成的表达。例如:

园林 gardens and parks

颐和园 the Summer Palace

亭 kiosk

回廊 cloister

假山 rockery/rockwork

岳阳楼 Yueyang Tower

四合院 quadruple courtyards/courtyard houses

水榭 waterside pavilion

木雕 wood carving

壁柱 pilaster

亭 kiosk

碑铭 inscription

### 2. 直译法

我国文学名著中有很多关于建筑的描写,现以其为例,对建筑描写的翻译进行研究。对于描述类的中国建筑,有些采用直译法。直译的目的不仅是将原文的意义准确传达出来,还是为了对原文语言形式如句子结构、修辞手法等的保留。对中国居住文化进行直译有助于让译入语读者了解中国传统居住文化的魅力。例如:

北京宫殿又称"紫禁城",呈南北纵长的矩形,城墙内外包砖,四面各开一门,四角各有一曲尺平面的角楼,外绕称为"筒子河"的护城河。

Beijing Palace,also known as "the Forbidden City",showed

a rectangle with a north—south longitudinal length. City walls covered by bricks, pierced by a gate on the four sides and decorated by a flat turret in the four comers are surrounded by a moat called "Tongzihe River".

原文是对紫禁城的描述,译文直接采用直译技巧,让译入语读者通过语言来描绘出头脑中紫禁城的形象,勾勒出一幅紫禁城图,进而了解中国的建筑与自己国家的建筑的差异性。

### 3. 音译加注法

中国的很多建筑有着悠久的历史,并极具特色,很多术语对于外国人是闻所未闻的,如果在翻译时不进行特殊处理,那么会让译入语读者不知所云,也就很难实现翻译的目的。在翻译这类词时,译者应该从源语文本考量,本着传播中国居住文化的目的,采用音译加注的方式来处理。例如:

高大的承天门城楼立在城台上,面阔九间……

The tall and noble Chengtianmen Rostrum stand on the platform with a nine Jian (the distance between two columns; often used in descriptions of ancient architecture) …

"间"是中国传统建筑术语,即四根木头圆柱围成的空间,但是这个字对于西方建筑并不适用,西方建筑往往采用的是"平方米"。对于二者的换算,当前还没有踪迹可寻。因此,最好的翻译方法就是直接翻译为"间",然后在后面添加解释。

### 4. 意译法

英汉两种文化之间有着较大差异,为了缩小这种差异,在翻译中国居住文化时就可以采用意译法,即译出原文大意即可,这样便于西方读者理解中国居民建筑的文化内涵。例如:

黛玉便令将架摘下来,另挂在月**洞窗**外的钩上,于是进了屋子,在月洞窗内坐了。

（曹雪芹《红楼梦》第三十五回）

Daiyu made her take the perch down and hang it on a hook outside **the moon window**, then went inside and sat down by the window …

（杨宪益、戴乃迭 译）

"月洞窗"有着鲜明的汉语民族特色，如果直译则不利于西方读者理解，此时就可以采用意译法，译出其内在含义即可，以便于读者理解其深层含义。

总体而言，英汉物质文化寓意丰富，而且差异显著，体现了英汉民族的文化特色、审美心理、价值观念等。对它们进行翻译，有利于英汉民族的人们更好地相互了解和沟通，对此译者需要采用恰当的方法，准确翻译和传达英汉物质文化。

# 第九章　英汉习俗文化对比与翻译

尽管随着社会经济的发展,中西方的相互影响,使得社会习俗的差异逐渐缩小,但是其中不少地方仍然是无法改变的,并且这种差异还会在一定程度上制约着不同文化背景下的人们之间的交流。因此,对于英汉习俗文化的对比与翻译的研究始终是一个不可忽视的话题。

## 第一节　英汉节日文化对比与翻译

### 一、英汉节日文化对比

#### (一)节日根源对比

文明体系是一个国家或者民族延续较长时间没有中断、影响较大,并且基础比较稳固和统一,色彩较为鲜明独立的文化体系。中国的农耕文明对人们的思维方式、价值观念、行为准则乃至文化价值产生了极大影响。西方国家最开始是以畜牧业为主的,其深受商品文化、农耕文化等体系的影响。

#### (二)节日价值取向对比

中华民族上千年的农耕文明依赖于人与人之间的合作,以血缘、地缘为纽带的社会关系注重个人与群体的和谐统一,这就导致儒家传统文化的集体主义价值取向。中国的传统节日多是以家族、家庭为核心的集体活动,具有很强的家庭宗族观念与群体观念。可以说,中国的传统节日深受儒家思想的影响,其主张的观念有"政通人和""和为贵"等,倡导社会的和谐有序,强调血缘性、群体性,推崇集体主义的价值取向。

中国传统节日的集体主义价值取向从一些节日的情感主题就可以看出,如团圆、尊长、和谐等。每当过春节、元宵节、中秋节时,一些在外地工作和学习的人不管路途多么遥远,都尽量回家与亲人团聚,一块吃团圆饭、元宵和月饼,寓意着家庭可以团团圆圆、和和美美;三八妇女节、五四青年节、七一建党节、八一建军节等均体现了对群体力量的弘扬;端午节包粽子、赛龙舟,清明节、中元节进行集体祭祀。这些无疑不体现了中国人集体主义的价值取向。

受文艺复兴的影响,西方人特别追求个人解放和自由,他们仅对极端信仰的桎梏和约束。在西方人看来,个体的利益均高于集体,只有个人成功了集体才能强大。因此,西方人特别推崇"自然""个性""个体价值",追求个人主义。在信仰的约束精神和个人主义的自由精神的双重影响下,西方节日成了人们舒缓压力和情绪的一个重要渠道。直到今天,西方节日的氛围主要为快乐和娱乐。例如,在狂欢节期间,不论男女老少,普通百姓还是政府高官均可以参加,人们可以穿着奇装异服或者带着独特的面具充分张扬个性;在万圣节当晚,人们会 cosplay,随意将自己打扮成喜欢的角色,或者摆各种 pose 和搞笑的姿态,甚至可以带着吓人的面具到街上吓人;在圣诞夜,人们会用星星、彩灯、礼物等给圣诞树做漂亮的装饰,并且围着它自由地歌唱和舞蹈,享受节日的欢乐。

(三)节日性质对比

中国传统节日有了上千年的历史,一方面受中国伦理道德传统与集体主义价值观的影响,另一方面长期受节日文化变异性的影响,使节日的表现形式从单一性转变成综合性。因此,集体祭祀、怀念和热闹、娱乐于一体的中国传统节日是一种综合文化现象。例如,清明节从最开始的农事节日演变成如今的与禁忌、祭祀、郊游、踏青等活动相融合的综合节日;端午节如今成了驱瘟祛邪、招魂祭江、龙舟竞渡、食粽等活动极为丰富的综合性节日;年节是中国影响最大的综合性节日,主要活动有祭神、祭祖、庙会以及走亲访友、拜年祝福等。

西方的节日追求个人主义的价值观,并且更注重单一的娱乐精神。当然,西方还保留着如圣诞节、复活节等综合性的节日,但相对来说,单一性的节日更多。例如,父亲节、母亲节、情人节、狂欢节等,均属于单一性质的节日。

中西节日性质具体可参见表 9-1。

**表 9-1　中西节日性质对比**

| 中国节日 | 性质 | 西方节日 | 性质 |
|---|---|---|---|
| 年节 | 综合 | 圣诞节 | 综合 |
| 元宵节 | 单项 | 狂欢节 | 单项 |
| 人日节 | 单项 | 复活节 | 综合 |
| 春龙节 | 综合 | 母亲节 | 单项 |
| 清明节 | 综合 | 愚人节 | 单项 |
| 端午节 | 综合 | 划船节 | 单项 |
| 七夕节 | 综合 | 情人节 | 单项 |
| 鬼节 | 单项 | 鬼节 | 单项 |
| 中秋节 | 综合 | 父亲节 | 单项 |
| 冬至节 | 单项 | 仲夏节 | 单项 |
| 腊八节 | 综合 | 啤酒节 | 单项 |
| 小年节 | 综合 | 婴儿节 | 单项 |
| 除夕节 | 综合 | 葱头节 | 单项 |

（资料来源:刘立吾、黄姝,2004）

### (四)节日庆祝方式对比

在中国,每个传统节日都与美食相关,如春节吃年糕/饺子、元宵节吃汤圆、端午节吃粽子和喝雄黄酒、中秋节吃月饼、腊八节吃腊八粥等。可见,每个节日都带有一定文化意蕴的美食。首先,中国人在过节期间特别在意的是可以全家共享美食。中国人庆祝节日一般是以饮食为中心,以家庭为单位展开的。中国人特别看重"每逢佳节倍思亲"的说法,逢年过节就要与家人团聚。在中国的春节、元宵节和中秋节等传统的节日中,为了表达人们期盼家人团圆之意,人们所吃的食物中多是圆形的,如春节的汤圆、元宵节的元宵、中秋节的月饼。逢年过节,特别是春节,人们即便是在千里迢迢之外,也要回家与家人团聚。通常,春节拜年主要是在家族中进行的。有些地方还有关起门来吃除夕团圆饭的风俗,如果有外人打扰,会被认为不吉利。即便是一些集体娱乐性的节日,如元宵节、端午节,人们也想方设法与家人一起观赏、参加一些节日活动,几乎不会独自前往,体现了中国人重视"家"的观念。另外,中国传统节日中的美食也都有着特殊的寓意和内涵。人们想通过美食传达一种祝福、祈愿,以及对自然的认识和对天地万物的感激。例如,冬至节人们有吃馄饨的习俗,因为这一时节正是阴阳交替、阳气发生之时,暗寓祖先开混沌而创天地之意,表达对祖先的缅怀与感激之情。再如,中秋节人们盼望人月两团圆,会吃形似满月的月饼,以示团圆之意。

尽管西方国家的很多节日也都会特别制作一些美食,如圣诞节的火鸡、感恩节的南瓜馅饼等,但与中国相比,其食物的种类和名称没有特殊的含义。例如,美国人吃火鸡仅仅是因为当时北美是火鸡的栖息地,而南瓜也是北美地区一种十分常见的植物。当然也有例外的情况,如在复活节中,由于蛋和兔子是复活节最典型的象征,美国所有的糖果店在复活节时都会出售用巧克力制成的复活节小兔和彩蛋。

西方人庆祝节日主要是为了加强与他人之间的交往以及营

造欢乐的气氛。例如,复活节这一天,人们会玩滚彩蛋比赛。在英国北部、苏格兰等地,人们会将上色煮好的鸡蛋做上记号从斜坡上滚下,谁的蛋先破,就被别人吃掉,谁就认输。如果彩蛋完好无损,就说明这个人会有好运。在这一活动中,人们主要是为了获得快乐,而不是赢得比赛。

（五）重要节日对比

1. 春节与圣诞节

春节和圣诞节分别是中西方两个非常重要的节日。

春节可以说是中国较隆重、热闹的节日了。在外工作的人,无论路途多遥远,都希望在春节赶回家中与家人团聚,与家人共同开启新的一年的美好。春节期间,人们会举行各种各样的庆祝活动。最常见的庆祝方式有舞龙舞狮、贴春联、挂红灯笼、贴年画、燃鞭炮、拜年等。一家人聚在一起,庆贺过去的一年,祈祷新的一年,祈福在新的一年人畜兴旺,家和万事兴。

圣诞节作为西方传统文化中重要的节日,其重要程度与中国的春节不相上下。圣诞节的时间是每年的 12 月 25 日,是西方人纪念耶稣诞生的日子。这一天,人们会举行非常盛大的圣诞晚会,围着圣诞树进行祈祷、唱颂歌等。人们还会互相交换礼物,父母和孩子会分享彼此的生活乐趣,向家人表达爱和祝福。

可见,春节和圣诞节的相同之处就是都和家人共同庆祝与团聚,其不同之处则有很多。例如,在中国,每个家庭大年三十晚上都会准备一顿丰盛的晚餐,以此庆祝一年的丰收;西方则更追求健康与快乐,除必需的饮食营养外,主要是通过娱乐活动来庆祝。再如,中国春节里最受欢迎的颜色当属红色,人们贴红对联,挂红灯笼,如果是本命年则会穿红色,总之红色是春节的主色调,红红火火才显得喜庆;而西方的圣诞色则有红、绿、白等,如红色的圣诞服饰和蜡烛,绿色杉、柏圣诞树以及五颜六色的彩灯和纸花等。

### 2. 中秋节与感恩节

中秋节是中国另一个极其重要的节日,在中国人心中占有非常重要的地位。每年农历的八月十五为中秋节,因为该节日多是在秋天的中期,因此叫中秋节。中秋月圆,人之团圆,人们在中秋节寄托思念故乡、思念亲人之情,并企盼丰收、幸福。月饼是中秋节的必备食物,月饼正象征着团团圆圆。此外,在中秋节的晚上,人们还会与家人一起赏月。我国关于中秋的诗歌有很多,其中宋代词人苏轼曾写下著名的《水调歌头》,其中"但愿人长久,千里共婵娟"更是千古名句,诗人借诗词表达了对远方亲朋的思念之情与美好祝愿,也体现了豁达、乐观的人生态度。

在西方,感恩节是仅次于圣诞节的节日,时间是每年的 11 月的第四个星期日。在这一天,人们通常会到教堂做感恩祈祷,一些地方还会举行各种化装游行、戏剧表演甚至体育比赛等活动。此外,火鸡是感恩节的必备食物之一,在异乡的人们通常会在感恩节与家人团聚,分享以火鸡为主食的盛餐。

中秋节与感恩节的相同之处是与家人的团聚。其不同之处在于,中秋节更多的是对逝者或远方亲人的思念,感恩节则更多的是感谢家人与朋友对自己的帮助。此外,随着中西方文化的交流与融合,越来越多的中国人加入到感恩节的行列,表达对父母、亲人或教师的感恩。

### 3. 七夕节与情人节

七夕其实也是中国人的"情人节"。七夕这一天是年轻女孩畅想爱情的节日,在古代,姑娘们会一块坐着看牵牛星和织女星,想象着牛郎和织女在鹊桥相会的场景,祈求智慧和巧艺,并且期盼得到美好的姻缘。唐代诗人白居易在《长恨歌》写道:"七月七日长生殿,夜半无人私语时;在天愿作比翼鸟,在地愿为连理枝。"以牛郎和织女的爱情故事为例,讲述了唐玄宗与杨玉环共誓白头的约定。但是随着时代的变迁,当今社会生活节奏不断加快,人们的生活理念也发生了巨大改变,所以每逢七夕节,多数情侣会选择一起吃饭、逛街、看电影,送巧克力和玫瑰给对方。如今,中国人庆祝七夕节的方式也越来越接近于西方的情人节。

在西方,每年的 2 月 14 日是情人节。在情人节这一天,鲜花和巧克力是不可或缺的。我们知道,玫瑰代表爱情,但是不同的颜色、朵数的玫瑰有着不同的意思。在古希腊的神话传说中,玫瑰是美神的化身,是用于表达爱情的通用语言。情人节这天,西方国家到处都弥漫着巧克力的香甜味道,很多男士也会选择在这一天向女友表白。

## 二、英汉节日文化翻译

### (一)节日名称翻译

#### 1. 汉语节日名称的英译

(1)直译法

直译就是按照节日名称的字面含义进行翻译,其可以保持原文的内容与形式。中国很多节日名称都可以采用直译翻译法。例如:

元宵节 the Lantern Festival（农历正月十五）

清明节 the Qing Ming Festival（阳历 4 月 5 号）

端午节 the Dragon-Boat Festival（农历五月初五）

中秋节 the Mid Autumn Festival（农历八月十五）

重阳节 the Double Ninth Festival（农历九月初九）

元旦 New Year's Day Jan. 1（阳历 1 月 1 号）

国际劳动妇女节 International Working Women's Day（阳历 3 月 8 号）

国际劳动节 International Labor Day（阳历 5 月 1 号）

国际儿童节 International Children's Day（阳历 6 月 1 号）

中国共产党诞生纪念日 Anniversary of the Founding of the Chinese Communist Party（阳历 7 月 1 号）

教师节 Teachers' Day(阳历 9 月 10 号)

国庆节 National Day(阳历 10 月 1 号)

（2）意译法

通常,如下两种情况可以使用意译法英译节日名称。

其一,根据农历时间换算来翻译。中国很多节日都与农业有关,所以多数节日是按照农历时间换算的。例如,重阳节是农历的九月初九,按照农历可以翻译为 the Double Ninth Festival。七夕节是农历的七月初七,可以翻译为 the Double Seventh Festival。

其二,根据节日习俗特色来翻译。因为不同节日在我国有着不同的庆祝方式和特色,所以在翻译时也可以以此为依据展开。例如,端午节是为了纪念伟大的爱国诗人屈原,人们会吃粽子、赛龙舟,所以可以英译为 The Dragon-Boat Festival。再如,中秋节这一天人们会与家人团圆,一起赏月吃月饼,祈盼团团圆圆,所以可以英译为 the Moon Festival。

### 2. 英语节日名称的汉译

西方节日与人们的信仰息息相关,所以为了再现这一特殊的内涵,翻译时应以意译为主。例如：

Christmas Festival 圣诞节

Easter Day 复活节

Valentine's Day 情人节

Carnival 狂欢节

Hallowmas Festival 万圣节

April Fool's Day 愚人节

Ascension（耶稣）升天节

### （二）节日文化词的翻译

### 1. 汉语节日文化词的英译

（1）直译法。例如：

宝玉道：“必是老太太忘了。**明儿不是十一月初一日么,年年**

老太太那里必是个老规矩，要办消寒会，齐打伙儿坐下喝酒说笑。"

（曹雪芹《红楼梦》）

"She must have forgotten. **Tomorrow's the first of the eleventh month, isn't it? It used to be her rule every year to hold a 'cold-dispelling party' that day, getting everybody together to drink and have fun.** "

（杨宪益、戴乃迭 译）

旧历冬至前一天早晨，柔嘉刚要出门，鸿渐到："别忘了，今天咱们要到老家去吃**冬至饭**。"

（钱钟书《围城》）

On the morning of the day of winter solstice by the lunar calendar, just as Jou-chia was about to leave the apartment, Hung-chien said, "Don't forget. We have to go to my parents today for **winter solstice dinner.** "

（珍妮·凯利，茅国权 译）

（2）意译法。例如：

外面又有工部官员并五城兵备道打扫街道，撵逐闲人。贾赦等督率匠人**扎花灯焰火**之类，至十四日，俱已停妥。这一夜，上下通不曾睡。

（曹雪芹《红楼梦》第十八回）

Outside, officers from the Board of Works and the Chief of the Metropolitan Police had the streets swept and cleared of loiterers. Jia She superintended the craftsmen **making ornamental lanterns and fireworks**, and by the fourteenth everything was ready. But no one, high or low, slept a wink that night.

（杨宪益、戴乃迭 译）

可巧这日乃清明之日，贾琏已备下年例祭祀，带领贾环、贾琮、贾兰三人去铁槛寺祭柩烧纸。宝玉未大愈没去。宁府贾蓉也同族中几个人各办祭祀前往。

（曹雪芹《红楼梦》（第五十八回）

Now the Clear and Bright Festival came round again. Jia Lian, having prepared the traditional offerings, took Jia Huan, Jia Cong and Jia Lan to Iron Threshold Temple to sacrifice to the dead. Jia Rong of the Ning Mansion did the same with oghte young men of the clan.

（杨宪益、戴乃迭 译）

2. 英语节日文化词的汉译

汉译英语节日文化词时，主要采用意译法，辅以直译。下面列举一些有关节日文化词的翻译。例如：

turkey 火鸡

pumpkin pie 南瓜派

Easter eggs 复活节彩蛋

Easter Bunny 复活节兔子

Christmas tree 圣诞树

Christmas Card 圣诞卡

Santa's hat 圣诞帽

Christmas stocking 圣诞袜

Halloween parade 万圣节游行

# 第二节　英汉饮食文化对比与翻译

## 一、英汉饮食文化对比

### （一）饮食观念对比

中国人历来十分注重饮食，在中国，有"民以食为天""食以味为先"的说法，中国人不仅讲究吃，而且追求美味，将美味作为评价食物的最高标准。中国烹饪对饮食的口感甚至上升到艺术的层次,对美味的追求达到了一种极致。可以说,中国的饮食观念是一种典型的美性饮食观念,追求一种难以言明的"意境",并通过"色、香、味、形、器"加以体现。中国饮食的独特魅力集中体现在味道上,中国食物的美味主要源自调和,也就是食物本身的味道、食物加热后的味道、配料和辅料的味道交织融合在一起,相互之间补充和渗透,这也是中国烹饪艺术的精要之处。中国追求美性的饮食观念与中国传统的哲学思想相吻合,正是中国哲学宏观、模糊而又不可捉摸的特点赋予了中国饮食追求"意境"、注重调和的特点。

西方哲学的主要特点是形而上学,反映在西方饮食观念上就是特别讲求营养。西方人无论是在吃的重要性上还是对食物"美味"的重视程度和中国相比都相去甚远。对西方人来说,饮食不过是生存的一种必要手段,同时是一种交际方式而已。正因如此,西方饮食以营养为最高准则,特别讲求食物的营养成分,如脂肪、碳水化合物、蛋白质等含量是否搭配合宜,卡路里的供给是否恰到好处,各种营养成分能否被充分吸收等。如果某食物单调乏味,但是为了营养和健康,西方人都会很理性地吃下去。正如林语堂先生所说:"英美人仅以'吃'为对一个生物的机器注入燃料,只要他们吃了以后能保持身体的健康,足以抵挡病菌的感染,其他皆在不足道中。"①

（二）饮食习惯对比

在饮食习惯方面,中国人吃饭时常采用圆桌与合餐制。换句话说,所有的食物,不管是主食还是副食,不管是热菜、冷菜还是汤,不管是甜点还是水果等,都放在桌子中间供大家共同享用。这种圆桌可以从形式上创造一种团结、礼貌、共趣的气氛。同时,中国人会根据用餐人身份、年龄、地位等分配座位,在宴席上人们也会互相敬酒、互相让菜,给人以安静、祥和之感。这既体现了人

---

① 林语堂.生活的艺术[M].北京:外语教学与研究出版社,1998:59.

们之间相互尊重、礼让的美德，又符合中华民族"大团圆"的普遍心态，还便于人们相互交流，促进感情。此外，座席的安排、斟酒的次序、敬酒的规矩都有着严格的规定，这是中国长幼尊卑、上下先后的等级观念的反映，发挥着别亲疏、别尊卑的伦理功能。总之，中国哲学思想中对"和""合"的倡导很好地贯彻在了饮食习惯中。

上述提到，对西方人来说，饮食的主要目的就是充饥和交际。在这种目的的引导下，西方人饮食通常采用分食制，大家各自用餐、互不干涉。在西方宴会场合，其核心目的在于交际，宴会往往讲究温馨、优雅和富于情调。西方人钟情于自助餐，所有的食物依次排开，大家可以各取所需，个人既可以自由走动，与他人交流，也可自己独处，总之具有高度的自由。此外，如果是多人共同用餐，西方人会更注重与相邻人交谈，而不是与全桌人的交流。

（三）饮食对象对比

中国的饮食文化建立在传统的以种植业为主、畜牧业为辅的农业基础之上，这就使得中国人的饮食对象大多以谷物或其他素食为主，肉类为辅。当然，随着生产力的发展和环境的改变，中国的饮食对象逐渐扩大，食物的种类逐渐增多，可以说无所不包，烹调方法也五花八门，如炒、煎、炸、炖、烤、爆、焖、蒸、拌等。

西方人的饮食对象则多为肉类或者奶制品，食用少量的谷物。西方的饮食往往是高热量、高脂肪的，但是他们讲究食物的原汁原味，汲取其中的天然营养。西方人的食材虽然富有营养，但是种类较为单一，制作也非常简单，这也是西方理性哲学思维的展现。

（四）餐具、用餐环境对比

由于中国人的饮食对象非常广泛，烹饪方式五花八门，加之用餐时喜欢采用圆桌制，因此非常适合用筷子，因为筷子虽简单，但几乎能应付一切食物。可以说，筷子是中华饮食文化中非常重要的一种标志。此外,中国人用餐十分注重氛围的营造,喜欢热闹场面,因此吃饭或喝酒时往往喜欢大声说话。

相比之下,西方人喜欢大块牛肉、鸡肉,加之实行分食制,因此更喜欢用刀叉。西方人宴请时,不像中国人追求热闹的气氛,而是讲究安静,因此席间很少有人大声喧哗,在咀嚼食物或喝酒时也尽量不发出声音,否则会被人视为无理、没有礼貌。此外,不像中国人喝酒时喜欢拼酒或劝酒,西方人在敬酒时也只是意思一下。

### (五)菜式命名对比

中国人给菜肴命名时的讲究很多,如名字要含蓄、温雅又吉利,还要注重联想功能,使用各种修辞手法寓情、寓意。总之,中国菜名中包含了很多历史文化信息。除少量的大众化菜肴以原料直接命名,相当一部分菜是以典故、景色、传闻甚至传世人命名的。归纳起来,中国菜名有三个典型的特点,即"实""虚""喻"。

体现中国菜名"实"特点的菜名如下面一些:

成都火锅

广东龙虾

青椒肉丝

东坡肘子

北京烤鸭

湖南米粉

体现中国菜名"虚"特点的菜名如下面一些:

全家福

龙凤呈祥

年年有鱼

百年好合

独占鳌头

鸳鸯戏水

体现中国菜名"喻"特点的菜名如下面一些:

蚂蚁上树

珍珠豆腐

水晶肴蹄

芙蓉鸡片

八仙过海

黑熊耍棍(木耳炒豆芽)

黄山一绝(一盘蕨菜)

桃园三结义(由白莲、红枣、青豆三种食物制作而成)

相比之下,西方菜名直截了当,往往一目了然,且很少采用修辞手段。很多西式菜名直接采用原料+烹饪方法的命名方式,如水果沙拉、意大利比萨、炸薯条等。可见,西方菜名突出原料,取名方式虽然缺乏艺术性,但实用性较强。与中式菜名相比,西方菜名的典型特点就是"简"。下面再列举一些西方菜名,其中都体现了其"简"的特征。

shark fin 鱼翅

breast of deer 鹿脯

ham and sausage 火腿香肠

black pepper pork steak 黑椒猪排

French goose liver 法式鹅肝

Scotland mutton chop 苏格兰羊排

Australian fresh shellfish 澳洲鲜贝

# 二、英汉饮食文化翻译

## (一)中国饮食文化翻译

### 1. 刀工的翻译

刀工就是切菜的技术。成功的烹饪绝不仅是如何配料的问题,对食材的处理,或切或削,或切片或切丁,这些都是影响口感

的重要因素。译者要想准确翻译饮食文化,首先需要了解中国菜
的一些刀法及其翻译。例如:

刀工 cutting

切片 slicing

切丁 dicing

切丝 shredding

切方块 cubing

剥皮 skinning

去鳞 scaling

腌制 pick-ling

剔骨 boning

捣烂 mashing

剁碎 mining

酿 stuffing

## 2. 烹饪方法的翻译

中国菜的烹饪方法(cooking techniques)有很多,这里根据如
下几个分类进行具体介绍。

(1)煲、煮、炖。它们的共同特点是把食物置于有水的炊具
中,然后加温,使食物变熟。

①煲。所谓煲(stewed)就是把食物放入一个煲中,加水加温
煮。例如:

煲牛腩 Stew Brisket or Stewed Brisket

②煮。煮(boiled)就是把食物放在有水的锅里煮。例如:

煮鸡蛋 Boiled Egg

快煮 instant-boiling/quick-boiling

慢煮 slow-boiling

③炖。炖(stewed)就是长时间煮食品使之熟烂。例如:

炖肉 Stewed Pork

（2）煎、炒、炸。这三者的共同之处就是烹制食品的时候不用水，只用油，即将油置于锅内，加高温使食物至熟。

①煎。煎（fried or pan-fried）是指在锅里放少量的油加热，把食物置于其中使表面金黄。例如：

煎鱼 Fried Fish

②炒。炒（stir-fried）是指在锅里放少量的油加热，放入食物并不停翻炒直至熟。例如：

炒鱿鱼 Stir-fried Sliced Squid

炒蛋 Scrambled Egg

此外，爆（quick-fried）是炒的一种方式，即快速炒使食物至熟。例如：

爆牛肉 Quick-fried Beef

③炸。炸（deep-fried）是指把食物放进滚沸的油里使之变熟。炸的分类也很多，例如：

软炸 soft deep-fried

干炸 dry deep-fried

酥炸 crisp deep-fried

炸排骨 Deep-fried Spareribs

（3）烧、焖、扒。

①烧。烧（braised）是指先用油炸，后加进酱油等作料烧。例如：

红烧鲤鱼 Braised Carp with Brown Sauce

②焖。焖（braised）是指紧盖锅盖，用文火把食物煮熟或炖烂。例如：

黄焖鸭块 Braised Duck with Brown Sauce

③扒。扒（stewed or braised）是指用文火将食物煨熟或炖烂。例如：

扒羊肉 Stewed or Braised Mutton

（4）烘、烤、焙。烘、烤、焙的共同之处是将食物与明火直接接触或放在铁架上烧，或者放在烤箱里烤。

①烘。烘(baked)是指用火或热气使食物变热、变干至熟。例如:

烘面包 Baked Bread

②烤。烤(roast,barbecued)是指食物在火上烤使之变干直至熟透。例如

烤鸭 Roast Duck

③焙。焙(baked)是指用干热等技术使食物变至熟。例如:

焙土豆片 Baked Potato Chips

### 3. 菜肴的翻译

中国菜肴种类丰富多彩,其翻译方法也有很多,大致可以分为以下几种。

(1)直译

直译就是直接翻译,不同民族对饮食及其文化内涵会有很多相同或相似的认识,因此可以采用直译法进行翻译。实际上,我国菜品的英译方法绝大多数都是直译。如果一道美食只是由简单的配料、作料和材料制成的,那么译者可以采用直译法,这样会让食客一目了然。例如:

五色糯米饭 five-colored glutinous rice

小鸡炖蘑菇 Stewed Chicken with Mushroom

鸡油卷 chicken-fat rolls

燕窝粥 bird's nest broth

红稻米粥 congee made from special red rice

(2)直译＋意译

虽然直译可以最大限度地保留民族特色文化,传播中华传统美食文化,但是由于中西方文化的不同,有一些词汇和表达方式不宜采用直译。此外,如果一道美食中具有深厚的中国文化内涵,并且其制作过程中十分复杂,译者也有必要让食客了解相应的制作过程,此时就可以采用直译＋意译策略。例如:

地三鲜

地三鲜这道菜所用的主料有土豆、茄子和青椒,如果直译为 three fresh delicacies 会让食客无法理解,因此可以采用直译和意译相结合的方法,使信息得到完整传递,可译为 Stewed Eggplant, Potato,Green Pepper（Three Fresh Delicacies）

丰收菜

丰收菜主要是由排骨、南瓜、玉米、豆角炖煮而成,其名字也寄托着人们的美好愿望。如果直译为 Abundant Vegetable s in Mixed Sauce,食客会感觉很迷惑,也不会理解其中蕴含的文化意义。因此,可以采用直译和意译相结合的策略,译为 Pork Ribs, Pumpkin,Corn and Bean in Mixed Sauce（Herald a Year of Harvest and Abundance）,这样不仅会让读者一目了然,还能够很好地体现中国东北农家特色文化。

鱼生

鱼生是壮族宴席上常见的一道美食,味道鲜美,深受壮族人民的喜爱,其以鲜嫩肥美的草鱼、鲤鱼为原料,配以醋、酱油、盐、葱、姜、蒜、薄荷等多种佐料制作而成。如果直译为 raw fish,会令读者感到疑惑,也很容易产生误解,因此这里可以采用意译法,译为 Sashimi of Zhuang Flavor,这样不仅消除了误解,还能吸引读者去了解并品尝这一美食。

（3）音译

中国饮食文化具有悠久的历史,加上原材料与烹饪方法非常丰富,很多菜名都是独一无二的,在目的语中无法找到等值词汇进行翻译。此外,伴随着中国国际地位的不断提高,大量具有中国特色的美食得到传播并为外国人所青睐,因此在翻译这类菜名时,译者可以进行迁移处理,融入译入语的当地特色,采用音译的方式来处理。例如:

炒面 Chow mein

捞面 Lo mein

烧卖 Shaomai

豆腐汤 Tofu Soup

荔枝 lychee

馄饨 Wonton

点心 Dim sum

汤圆 Tangyuan

饺子 Jiaozi

包子 Baozi

汤圆 Tang yuan

锅贴 Kuo tieh

馒头 Mantou

（4）注释

注释也是饮食外宣翻译的重要策略，译者可以通过注释帮助读者更好地理解原文。例如：

佛跳墙

Steamed Abalone with Shark's Fin and Fish Maw in Broth (Fotiaoqiang—Lured by its delicious aroma, even the Buddha jumped the wall to eat this dish)

川白肉

川白肉是一道东北菜，其名字是由主料本身的颜色而命名的，其主料为五花肉和酸菜，然后经过长时间的炖制而成，简单来说就是酸菜炖五花肉。该菜名可以采用注释法进行翻译，译为 Braised Streaky Pork with Chinese sauerkraut（Braised in bone broth, the color of Streaky Pork becomes white），从而将这道菜的烹饪特点体现出来，使读者感受到美食的魅力。下面两个例子则采用了直译加注释的策略。

开门红

Tender fish head with red pepper (Kaimenhong—literally means business opens with good start)

（5）音译＋注释

有时候直接采用音译法会使读者很难理解菜名中所隐含的美食文化和魅力，此时可以采取音译加注释的策略。例如：

艾叶糍粑

艾叶糍粑是壮族人所喜爱的一种美食，其主料为糯米和新鲜艾叶，可以采用音译加注释的方法，译为 Ci ba（glutinous rice wrapped in artemisia argyi），从而保留了食品的民族特色，也让读者了解了这种美食的原料。

（6）倒译法

在翻译中国菜肴名称时，有时会采用倒译法，即按照英语的结构特点将汉语的词序完全倒置。例如：

汤面 noodles in soup

卷筒兔 rabbit rolls

咖喱鸡 chicken curry

## （二）西方饮食文化翻译

### 1. 菜肴文化的翻译

西方人在烹饪菜肴时注重食物搭配，保证营养，因此与中式菜肴相比，西方菜肴种类很好，菜名也非常直白、简单，往往以国名、地名、原料名等来命名，如丹麦小花卷、牛肉汉堡等。

关于西方菜肴文化的翻译，人们的看法不同，有人认为应该意译，即用中国类似菜品的名字来替代。例如：

sandwich 肉夹馍

spaghetti 盖浇面

但是，一些人认为这样的翻译是不妥当的，其味道、材料上明显不同，因此这样的翻译是错误的。为了保证翻译的地道，反映出西方菜肴的韵味，笔者认为应该将直译与意译相结合来翻译。例如：

potato salad 土豆沙拉

grilled chicken 香煎鸡扒

apple pie 苹果派

corn soup 粟米浓汤

shrimp toast 鲜虾吐司

vegetable curry 什菜咖喱

### 2. 酒文化的翻译

西方酒文化有着悠久的历史,随时历史的积淀,西方的酒文化逐渐形成自身的特点。对于酒文化的起源,西方有很多说法,但是大多都认为源于神话故事。英语中,很多词语都与酒神有关。例如:

bacchus 酒的通称

bacchant 狂饮酒作乐的人

bacchic 狂欢醉酒的人

bacchae 参加酒神节狂欢的妇女们。

对于酒名的翻译,一般采用如下几种翻译技巧。

(1)直译法

有些酒名采用直译法进行翻译,可以实现较好的翻译效果。例如:

Bombay Sapphire 孟买蓝宝石

Canadian Club 加拿大俱乐部

(2)音译法

在西方酒名的翻译中,音译法是最常见的方法,且主要适用于原有的商标名没有任何其他含义的情况。例如:

Vermouth 味美思

上例中 Vermouth 本义为"苦艾酒",因为其在制作过程中添加了苦艾叶,且以葡萄酒作为酒基,因此微微带有苦涩的味道,但是如果仅仅以其中的一个原料命名实为不妥,听起来给人以忧伤的感觉,因此与葡萄酒香甜的味道相违背,因此采用音译,改译为"味美思"更为恰当。

（3）意译法

除了直译与音译外，意译也是西方酒文化翻译的常见方法。例如：

Wild Turkey 野火鸡波本

Pink Lady 粉红佳人

# 参考文献

［1］白靖宇.文化与翻译(修订版)［M］.北京:中国社会科学出版社,2010.

［2］包惠南,包昂.中国文化与英汉翻译［M］.北京:外文出版社,2004.

［3］常敬宇.汉语词汇文化［M］.北京:北京大学出版社,2009.

［4］陈浩东等.翻译心理学［M］.北京:北京大学出版社,2013.

［5］陈坤林,何强.中西文化比较［M］.北京:国防工业出版社,2010.

［6］方梦之.译学辞典［M］.上海:上海外语教育出版社,2003.

［7］何江波.英语翻译理论与实践教程［M］.长沙:湖南大学出版社,2010.

［8］何善芬.英汉语言对比研究［M］.上海:上海外语教育出版社,2002.

［9］胡壮麟.语言学教程(第3版)［M］.北京:北京大学出版社,2007.

［10］黄勇.英汉语言文化比较［M］.西安:西北工业大学出版社,2007.

［11］江峰,丁丽军.实用英语翻译［M］.北京:电子工业出版社,2009.

［12］金惠康.跨文化交际翻译续编［M］.北京:中国对外翻译出版公司,2003.

［13］克利福德·格尔茨著.文化的解释［M］.韩莉译.上海:上海译林出版社,1999.

［14］蓝纯.语言学概论［M］.北京:外语教学与研究出版社,2009.

［15］李建军,盛卓立.英汉语言对比与翻译［M］.武汉:武汉大学出版社,2014.

［16］李建军.文化翻译论［M］.上海:复旦大学出版社,2010.

［17］李建军.新编英汉翻译［M］.上海:东华大学出版社,2004.

［18］李信.中西方文化比较概论［M］.北京:航空工业出版社,2010.

［19］连淑能.英汉对比研究(增订本)［M］.北京:高等教育出版社,2010.

［20］林语堂.生活的艺术［M］.北京:外语教学与研究出版社,1998.

［21］刘月.中国建筑美学比较论纲［M］.上海:复旦大学出版社,2008.

［22］卢红梅.华夏文化与汉英翻译(第二部)［M］.武汉:武汉大学出版社,2008.

［23］卢红梅.华夏文化与汉英翻译［M］.武汉:武汉大学出版社,2006.

［24］冒国安.实用英汉对比教程［M］.重庆:重庆大学出版社,2004.

［25］平洪,张国扬.英语习语与英美文化［M］.北京:外语教学与研究出版社,2000.

［26］孙英春.跨文化传播学导论［M］.北京:北京大学出版社,2008.

［27］吴叔尉,胡晓.英汉语言对比与翻译［M］.北京:中国书籍出版社,2014.

［28］汪德华.中国与英美国家习俗文化比较［M］.杭州:浙江大学出版社,2011

［29］王祥云.中西方传统文化比较［M］.郑州:河南人民出版社,2006.

[30]魏海波.实用英语翻译[M].武汉:武汉理工大学出版社,2009.

[31]伍谦光.语义学导论[M].长沙:湖南教育出版社,1988.

[32]武锐.翻译理论探索[M].南京:东南大学出版社,2010.

[33]宿荣江.文化与翻译[M].北京:中国社会出版社,2009.

[34]徐行言.中西文化比较[M].北京:北京大学出版社,2004.

[35]闫文培.全球化语境下的中西文化及语言对比[M].北京:科学出版社,2007.

[36]严明.大学英语翻译教学理论与实践[M].长春:吉林出版集团有限责任公司,2009.

[37]严明.跨文化交际理论研究[M].哈尔滨:黑龙江大学出版社,2009.

[38]杨丰宁.英汉语言比较与翻译[M].天津:天津大学出版社,2006.

[39]殷莉,韩晓玲等.英汉习语与民俗文化[M].北京:北京大学出版社,2007.

[40]张培基.习语汉译英研究(修订本)[M].北京:商务印书馆,1979.

[41]张全.全球化语境下的跨文化翻译研究[M].昆明:云南大学出版社,2010.

[42]张维友.英汉语词汇对比研究[M].上海:上海外语教育出版社,2010.

[43]张镇华.英语习语的文化内涵及其语用研究[M].北京:外语教学与研究出版社,2007.

[44]郑春苗.中西文化比较研究[M].北京:北京语言出版社,1994.

[45]毕君洁.汉英基础颜色词的文化内涵比较探析[D].开封:河南大学,2013.

[46]曹鑫.从文化转向角度论习语翻译[D].西安:西安电子

科技大学,2007.

　　[47]陈腊春.中西思维差异对中学生英语写作句法的影响[D].武汉:华中师范大学,2006.

　　[48]郭富强.意合形合的汉英对比研究[D].上海:华东师范大学,2006.

　　[49]郭琳娟.英汉基本颜色词的文化内涵对比研究[D].西安:陕西师范大学,2013.

　　[50]李美英.中西思维模式差异对高中生英语写作影响的研究[D].南京:南京师范大学,2007.

　　[51]刘畅.英汉基本颜色词的文化内涵差异[D].大连:辽宁师范大学,2012.

　　[52]刘丽珍.文化度与英语习语汉译[D].湘潭:湘潭大学,2006.

　　[53]刘宁.中西青年跨文化交际中价值观比较研究[D].石家庄:河北师范大学,2015.

　　[54]丘陵.汉字中数字的文化内涵[D].重庆:重庆师范大学,2006.

　　[55]盛永娟.中英思维模式对比分析及其在高中英语写作教学中的应用[D].武汉:华中师范大学,2006.

　　[56]宋鹰.文化与习语翻译[D].上海:上海海事大学,2003.

　　[57]王梅.从英汉习语看英汉文化的异同[D].成都:四川师范大学,2009.

　　[58]王玉芹.从文化角度看英语习语翻译[D].上海:上海外国语大学,2007.

　　[59]夏露.中英语言中"风"的概念隐喻对比研究[D].武汉:华中师范大学,2014.

　　[60]徐斐.英汉思维差异对语篇组织的影响和对策研究[D].漳州:漳州师范学院,2012.

　　[61]尹伯鑫.基于汉英对比的对外汉语被动句教学研究[D].哈尔滨:黑龙江大学,2017.

[62]张锐.文化空缺视域下的汉英数字文化对比[D].乌鲁木齐:新疆师范大学,2013.

[63]艾喜荣.论英语数字习语翻译中的归化与异化[J].作家杂志,2009,(8).

[64]步国峥.基于意义理论的词汇学习和词典运用研究[J].牡丹江教育学院学报,2010,(1).

[65]蔡晓琳.中西饮食文化对比分析[J].经济研究导刊,2013,(6).

[66]曾薇.英汉自然现象词汇的文化比较[J].广西大学学报,2006,(S1).

[67]陈晨.论中国地名文化的英文翻译[J].旅游纵览,2013,(10).

[68]陈晶辉.文化语境下的英汉植物词汇意义与翻译[J].边疆经济与文化,2011,(6).

[69]陈静.英汉语言押韵的对比研究[J].英语广场,2018,(12).

[70]成程.中西饮食文化差异与菜肴翻译技巧分析[J].湖北函授大学学报,2018,(12).

[71]褚玉襄.英汉地名命名方式比较[J].淮北煤师院学报(哲学社会科学版),2002,(4).

[72]崔琳琳.中英动物词汇文化内涵对比[J].英语广场,2018,(3).

[73]董静.英汉动物类习语的文化内涵比较及其翻译策略[J].现代商贸工业,2016,(12).

[74]董徐霞.英汉"风"(wind)的隐喻对比研究[J].现代语文,2014,(10).

[75]范五三,谢兴政.从中西比照的视角看作为价值观的"友善"思想[J].太原理工大学学报,2018,(4).

[76]郭锐,徐东.汉族服装结构造型中的文化内涵[J].南宁职业技术学院学报,2008,(2).

[77]郭晓军.汉英颜色词的翻译方法[J].中国电力教育,

2010,(S1).

[78]郭晓冉.中西价值观比较及其对促进中国文化认同的思考[J].社科纵横,2016,(7).

[79]郝建设.英汉姓氏人名翻译论述[J].武警学院学报,2016,(11).

[80]侯贺英,陈曦.文化体验理论对文化教学的启发[J].时代经贸,2012,(2).

[81]胡建华.关于中西人名文化差异的跨文化研究[J].燕山大学学报(哲学社会科学版),2002,(8).

[82]江凤霞.从地名透视中美社会心理差异[J].文化论坛,2006,(1).

[83]金奕彤.从"创意"到"创译":译者创造性思维的应用[J].上海翻译,2019,(1).

[84]赖伟玲.跨文化交际中服饰商标的翻译研究[J].盐城师范学院学报(人文社会科学版),2017,(3).

[85]兰玲.英语动物词汇的文化内涵与汉译[J].黑河学刊,2015,(9).

[86]兰玲.中西文化差异下的汉英动物词汇翻译[J].边疆经济与文化,2015,(2).

[87]李丹.浅论英汉植物词汇的文化喻义比较[J].读与写,2011,(12).

[88]李冬生.玄鉴与迷狂——中西审美观照之源比较考察[J].南京社会科学,1991,(1).

[89]李金燕,隋丹婷.传统美学观照下的服饰文化翻译策略探讨[J].轻纺工业与技术,2016,(6).

[90]李利,刘颖.浅谈汉英动物词的文化内涵对比与翻译策略[J].电子制作,2014,(20).

[91]李莉先.东、西方水文化对比及思考[A].首届中国水文化论坛优秀论文集,2009,(11).

[92]李秋荣,李新新.动物类词汇的文化内涵及翻译策略研

究[J].海外英语,2016,(10).

[93]李耸,冯奇."风"和"wind"隐喻映射的文化透视对比[J].南昌大学学报,2006,(4).

[94]李小广.英汉句法对比视角下的英语句子写作研究[J].长春师范大学学报,2014,(6).

[95]李小园.英语数词习语的翻译[J].长春教育学院学报,2011,(3).

[96]李英.英汉植物词汇文化意义对比[J].延安职业技术学院学报,2009,(3).

[97]梁赤民.论中国地名英译的统一[J].安徽工业大学学报(社会科学版),2010,(4).

[98]梁钰.从词汇的搭配意义看英语词汇教学[J].吉林省教育学院学报,2015,(8).

[99]林泠."鼠"的词汇和谚语中英文比较[J].琼州学院学报,2008,(3).

[100]林颖.跨文化视角下英汉动物词汇的翻译[J].理论观察,2013,(12).

[101]林智慧.从十二生肖探究汉英动物词语的文化异同[J].淄博师专论丛,2019,(1).

[102]刘建伟.浅谈词汇的文体意义对语言交际的影响[J].黑龙江省政法管理干部学院学报,2010,(1).

[103]刘立吾,黄姝.节日文化:中西比较及其启示[J].湘潮(下半月),2014,(10).

[104]刘美娟.中西地名命名及文化意蕴比较[J].浙江社会科学,2010,(9).

[105]刘晓春.英汉句子对比与翻译实践[J].内蒙古农业大学学报,2010,(5).

[106]刘洋.中西艺术美学中审美观的对比研究[J].哈尔滨学院学报,2018,(7).

[107]刘洋洋.中国地域文化与饮食翻译[J].科技咨询,

2017,(26).

[108]刘洋洋.中国地域文化与饮食翻译[J].科技资讯,2017,(26).

[109]马庆然.浅谈英汉习语的翻译[J].青春岁月,2015,(6).

[110]马跃珂.汉语句子话题与英语句子主语对比分析与翻译[J].上海翻译,2010,(3).

[111]茅忆年.英语人名的文化特征及翻译策略[J].和田师范专科学校学报,2011,(1).

[112]聂梅娟.小议英汉颜色词的四大翻译方法[J].考试周刊,2010,(13).

[113]彭秋荣.英汉颜色词的文化内涵及其翻译[J].中国科技翻译,2001,(1).

[114]彭忍钢,孙霞.从形合和意合看英汉句子对比与翻译[J].云梦学刊,2003,(6).

[115]戚芳芳.语言、文化与思维关系研究现状及相关研究评价[J].宜春学院学报,2018,(11).

[116]秦艳辉,杨莉.中英动物词汇文化内涵之差异及翻译[J].吉林化工学院学报,2014,(6)

[117]秦裕祥.英汉语句子内部关系对比研究[J].外语与外语教学,2003,(7).

[118]任静生.也谈中菜与主食的英译问题[J].中国翻译,2001,(6).

[119]阮倩倩,黄万武.从文化内涵看英汉颜色词的翻译[J].科教文汇,2011,(12).

[120]孙波.中西饮食文化差异对比分析[J].海外英语,2011,(12).

[121]孙泽玮,孙泽方.汉外对比视角下的汉语意合性分析——以词类与句子成分为例[J].现代语文,2017,(7).

[122]谭华.中西饮食文化比较与中餐菜名翻译标准[J].黑龙江教育学院学报,2018,(2).

[123]谭卫国.略论翻译的种类[J].上海师范大学学报,2002,(3).

[124]唐美华.英汉植物词汇文化内涵对比分析及其翻译策略[J].文教资料,2007,(3).

[125]唐小晴,王金霞,段文杰.中西方传统节日文化比较分析[J].湖北民族学院学报,2014,(5).

[126]唐瑛.英汉季节词"春"之概念隐喻对比研究[J].湖南科技学院学报,2015,(9).

[127]王芙蓉.浅论英汉颜色词的翻译[J].科技信息,2008,(34).

[128]王红巧.谈翻译中植物词汇文化意象的传递[J].美誉时代,2007,(3).

[129]王建华.英汉季节词汇的比较研究[J].四川外语学院学报,1994,(2).

[130]王菊娥.中国服饰文化内涵及在汉英翻译中的传递[J].现代妇女(下旬),2014,(8).

[131]王利君.中国地名的文化性及其翻译[J].河北理工大学学报,2009,(1).

[132]王晓珊.英汉动物词文化内涵及其翻译技巧[J].英语广场,2017,(10).

[133]王玥.英汉动物词汇的文化内涵与翻译方法[J].文化学刊,2016,(11).

[134]魏晖.论语言文化交流[J].语言战略研究,2018,(6).

[135]温洪瑞.英汉数字符号系统及其文化涵义对比研究[J].山东大学学报,2003,(3).

[136]吴石梅.文化图式下"山"与"海"的中西文化内涵解读[J].长春大学学报,2015,(5).

[137]吴玉敏.西方人文主义与中国新人文主义建构[J].中央社会主义学院学报,2015,(6).

[138]武保勤.中外主要节日的文化探析[J].阜阳职业技术学院学报,2016,(3).

[139]夏锡华.论跨文化交际中中西思维模式与价值取向差异[J].湖北社会科学,2006,(7).

[140]肖华芝.论英汉人名折射出的中西文化差异[J].湖南医科大学学报(社会科学版),2009,(5).

[141]肖唐金.跨文化交际翻译学:理论基础、原则与实践[J].贵州民族大学学报,2018,(3).

[142]肖唐金.英语词语用法的情感意义[J].金筑大学学报,1999,(1).

[143]徐春艳.中西道德价值观差异及根源分析[J].湖南工程学院学报,2013,(2).

[144]徐宏颖,彭宣维.隐喻映射与情感意义——以英语动词TAKE为例的个案研究[J].外语学刊,2016,(4).

[145]徐岩.文化角度下的英语人名翻译初探[J].太原城市职业技术学院学报,2013,(6).

[146]许伟利,周可荣.从"水"的隐喻看中西文化的差异[J].云南民族大学学报,2006,(4).

[147]杨超.人名、地名的中西互译[J].科学大众·科学教育,2017,(8).

[148]杨镕静.《红楼梦》中饮食文化的英译策略[J].现代交际,2018,(15).

[149]杨震寰.英语文化植物词汇的特点及其翻译策略[J].时代文学,2012,(4).

[150]岳艳红.中西方地名比较研究[J].语文学刊,2012,(4).

[151]张燕.中西社交礼仪的差异[J].赤峰学院学报,2009,(6).

[152]张怡玲.简析英汉数字文化内涵的异同[J].大学英语,2006,(2).

[153]张玉玲.文化传播视角下的中国服饰文化翻译策略研究[J].智库时代,2018,(37).

[154]赵云.英汉植物词汇文化对比与翻译[J].海外英语,2016,(14).

[155]朱梦.新闻传播中英语地名翻译探讨[J].科技传播,2015,(10).

[156]朱颖娜.从动物词汇看英汉文化差异[J].才智,2017,(11).

[157]Seidl,J. *English Idioms and How to Use Them*[M].Oxford University Press,1978.